POR AMOR ÀS CIDADES

FUNDAÇÃO EDITORA DA UNESP

Presidente do Conselho Curador
Mário Sérgio Vasconcelos

Diretor-Presidente
Jézio Hernani Bomfim Gutierre

Superintendente Administrativo e Financeiro
William de Souza Agostinho

Conselho Editorial Acadêmico
Danilo Rothberg
Luis Fernando Ayerbe
Marcelo Takeshi Yamashita
Maria Cristina Pereira Lima
Milton Terumitsu Sogabe
Newton La Scala Júnior
Pedro Angelo Pagni
Renata Junqueira de Souza
Sandra Aparecida Ferreira
Valéria dos Santos Guimarães

Editores-Adjuntos
Anderson Nobara
Leandro Rodrigues

JACQUES LE GOFF

POR AMOR ÀS CIDADES
CONVERSAÇÕES COM JEAN LEBRUN

TRADUÇÃO
REGINALDO CARMELLO CORRÊA DE MORAES

Copyright © 1997 by Les Editions Textuel
Título original em francês: *Pour l'amour des villes.*
Entretiens avec Jean Lebrun

Copyright © 1998 da tradução brasileira
Fundação Editora da UNESP (FEU)

Praça da Sé, 108
01001-900 – São Paulo – SP
Tel.: (0xx11) 3242-7171
Fax: (0xx11) 3242-7172
www.editoraunesp.com.br
www.livrariaunesp.com.br
atendimento.editora@unesp.br

Dados Internacionais de Catalogação na Fonte (CIP)
(Câmara Brasileira do Livro, SP, Brasil)

Le Goff, Jacques, 1924 –
    Por amor às cidades: conversações com Jean Lebrun; tradução Reginaldo Carmello Corrêa de Moraes. – São Paulo: Fundação Editora da UNESP, 1998. – (Prismas)

    Título original: Pour l'amour des villes.
    ISBN 85-7139-194-7

    1. Cidades – História   2. Cidades medievais   3. Idade Média – História   4. Urbanismo – História   I. Título.   II. Série.

98-2165   CDD-711.409

Índice para catálogo sistemático
1. Cidades – Urbanismo: História   711.409

Editora afiliada

Asociación de Editoriales Universitarias
de América Latina y el Caribe

Associação Brasileira de
Editoras Universitárias

Para Thomas.

SUMÁRIO

Introdução   9

A cidade inovadora,
palco de igualdade e festa da troca   23

A cidade em segurança,
os bens protegidos e o bem comum   69

O poder na cidade,
o ideal do bom governo   93

O orgulho da cidade,
urbanismo e invenção da beleza   117

Conclusão,
o fim da cidade ou a cidade sem fim   141

INTRODUÇÃO

Uma de suas ideias preferidas é que há mais semelhanças entre a cidade contemporânea e a cidade medieval do que entre a cidade medieval e a antiga.

Sim, as funções da cidade, seus monumentos mudaram de tal modo que as duas cidades não são comparáveis. Em primeiro lugar, o templo. Curiosamente, não é mais isso que distingue a cidade medieval da cidade antiga, porque muitas vezes ou o templo foi reutilizado como igreja, ou então a igreja cristã foi construída sobre o local do templo. Contudo, com a igreja, um elemento fundamentalmente novo sobreveio. Os sinos aparecem e se instalam no século VII no Ocidente. Eles serão pontos de referência da cidade; em particular na Itália, onde o sino muitas vezes é instalado não no corpo do monumento, como seria o caso mais frequente no resto do Ocidente, mas ao lado, numa torre especial: é o campanário. Quanto ao anfiteatro, ele foi abandonado, já que o cristianismo ocidental não admite mais o circo; diferentemente de Bizâncio, em que a cidade antiga persiste (uma cidade "antiga" que, é verdade, não data senão do século IV, já que Constantino fundou-a apenas em 330). O local serve doravante como depósito de pedras de construção. Se ele subsiste ainda hoje – Nîmes, Arles – é graças a uma hábil reconstituição. O estádio não tem mais sua razão de ser: o esporte toma formas

Esta representação de Troia, após sua reconstrução, mescla a Idade Média (muralha, torre) e a Antiguidade (colunas, amplas portas). Ela coloca em cena aqueles que dominam a cidade, príncipe, cavaleiros e caçadores. Iluminura extraída do *Roman de Troie*, de Benoit de Sainte-Maure, 1340-1360 (manuscrito 1505, f.23 v.). Roma, Biblioteca Apostólica do Vaticano.

Introdução

A pregação dos frades mendicantes é um dos momentos fortes da sociabilidade urbana a partir do século XIII. Ela combina discurso religioso e novidades da vida na cidade. Domenico Beccafumi, *Prêche de Saint Bernardin de Sienne sur la Place de Sienne*, 1537. Fragmento da secção inferior do altar para o oratório de São Bernardino de Siena. Paris, Museu do Louvre.

completamente diferentes. Reservado à classe nobre, ele se torna essencialmente exercício militar.

As termas desaparecem, já que se estabelece uma nova relação com o corpo, assim como novas formas de higiene e de sociabilidade. A Idade Média não foi um período de imundície. A higiene corporal, em particular, é objeto de cuidados, seja no âmbito privado, seja mais tarde em estabelecimentos especiais, as saunas, que terão, aliás, má reputação – e em parte merecida – porque desempenhavam também o papel de bordel. Ao lado da região das termas antigas, em que as pessoas se lavavam, sentava-se às mesas das tavernas, onde se discutia: elas também não têm mais razão de ser. Além do mais, a praça pública muda de estatuto. Nada mais de fórum! Não temos mais o lugar central em que os cidadãos se encontram, na ausência de instituição urbana comum: apaga-se este hábito de discutir em conjunto os negócios da cidade ou os negócios privados. Quando há encontros e discussões, isso se dá com mais frequência nas igrejas, sobretudo na sua parte anterior, que geralmente é mais desenvolvida e à qual se dá um nome antigo, o átrio.

O mercado, contudo, resgata a tradição do fórum.
Sim, e um historiador russo muito original, Mikhail Bakhtin, mostrou isso muito bem, mas se existe recreação, isso acontece em circunstâncias e sob formas muito diferentes daquelas da Antiguidade.

Introdução

O aspecto da cidade construída para os vivos também mudou quanto ao lugar dos mortos.

Os gregos e os romanos impeliam o morto impuro para fora da cidade, o mais das vezes, sobretudo para as pessoas ricas ou importantes, ao longo das principais vias que partiam da cidade. O cristianismo urbaniza os mortos, e a cidade torna-se também a cidade dos mortos; o cemitério, um lugar de sociabilidade, alheio a todo respeito religioso: ele somente terá um estatuto exclusivamente religioso

Introdução

tardiamente, a partir do século XIII. Até então, é um lugar de encontro e mesmo de diversão.

Nunca se perde tempo exercitando um pouco a etimologia. "Ville" vem de villa.

Não nos esqueçamos de que a palavra "ville", para designar aquilo que chamamos de cidade, é muito tardia. Até os séculos XI e XII, escreve-se quase que estritamente em latim e, para designar uma cidade, usa-se "civitas", "cité". Ou *urbs*, a rigor, mas basicamente *civitas*. E, quando as línguas vernáculas aparecerem, o termo "cité" vai permanecer por muito tempo. "Ville" tomará o sentido urbano apenas tardiamente, já que, como você lembrou, antigamente a palavra designava de fato um estabelecimento rural importante. Uma "villa" – não se deve pensar numa casa de subúrbio atual – é o centro de um grande domínio. Do ponto de vista dos materiais, a construção permanece em geral bastante modesta, mesmo quando se usa a pedra: não se pode falar de castelo. Enfim, a *villa* é um domínio com um prédio principal que pertence ao senhor; em consequência, é um centro de poder, não apenas de poder econômico, mas também de poder em geral sobre todas as pessoas, os camponeses e os artesãos que vivem nas terras ao redor. Desse modo, quando se passa a dizer, em francês, "la ville" (o italiano conservará o termo *città*), marcar-se-á bem a passagem do poder do campo para a cidade. O termo "villa", esse se aplicará à aldeia nascente a partir dos séculos IX e X.

Na Idade Média, o castelo, lugar de poder econômico e político, domina a sociedade camponesa. É muitas vezes contra o poder senhorial que a cidade afirmará sua independência e, depois, sua influência sobre o campo ao redor. Lavouras diante do castelo de Lusignan (detalhe do calendário, com zodíaco, mês de março). Iluminura extraída das *Très riches heures du duc de Berry*, de Pol de Limbourg, século XV (manuscrito 65/1284, f.3 v.). Chantilly, Museu Condé.

Introdução

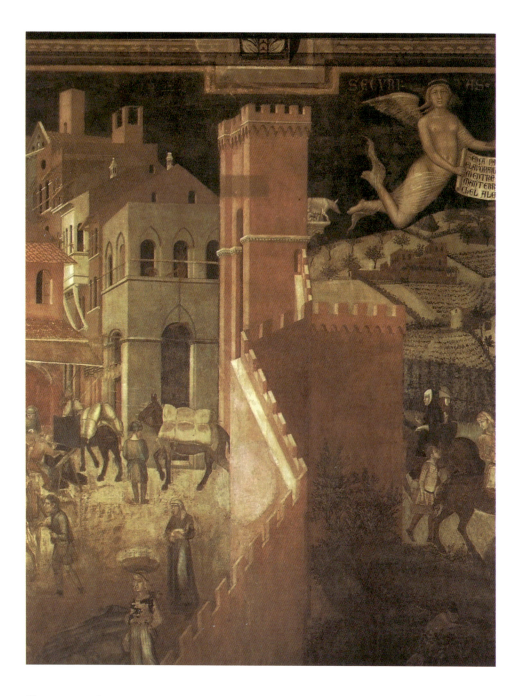

Introdução

Introdução

A villa da Antiguidade não tem mais razão de ser. E a palavra "subúrbio", então? Ela manifesta, se continuarmos a exercitar a etimologia, um fenômeno que diferencia a Idade Média da Antiguidade: a cidade obtém um poder novo sobre um setor que depende dela.

Absolutamente. Com a instalação de uma nova classe dominante, originada dos bárbaros ou, com mais frequência, da fusão entre populações romanas antigas e populações bárbaras estabelecidas no território do antigo Império Romano, aparece uma forma de poder cujas origens são germânicas e que se denomina a banalidade, o direito de banalidade. É um direito de comando bastante geral, que inclui direitos de justiça, mas sobretudo direitos econômicos: a obrigação de moer sua farinha no moinho do senhor, a obrigação de pagar para poder vender sua colheita no mercado etc. É o direito de banalidade. E, a partir do século XI, aproximadamente, esse direito espalha-se essencialmente no campo, e forma-se uma estrutura que é típica da feudalidade, que se chama a "senhoriagem banal". Mas esse termo, a banalidade, diz respeito também ao território urbano e, sobretudo, suburbano. A partir do século X, mas principalmente do XI, é o grande período de urbanização – prefiro utilizar esse termo mais do que o de renascimento urbano, já que penso que, salvo exceção, não há continuidade entre a Idade Média e a Antiguidade. Esse desenvolvimento urbano faz-se a partir de núcleos. Esses núcleos são dominados ou por um senhor eclesiástico, o bispo, em geral, nas cidades episcopais, ou por um senhor leigo, sobretudo um conde, des-

---

Páginas precedentes.
À esquerda.
Pontilhada de portas, a muralha isola o espaço urbano no plano material, assegura sua defesa e permite o controle da circulação com o exterior. Em horas determinadas, à tarde e pela manhã, a cidade se fecha atrás de suas muralhas. A alegoria da segurança sobrevoa a cidade. Ambrogio Lorenzetti, *Effets du bon gouvernement dans la ville*, 1337-1339 (detalhe: torre da cidade). Siena, Palácio Público.

À direita.
Luís XIV põe fim ao enclausuramento de Paris transformando as muralhas em bulevares com plantas (os atuais "Grands Boulevards"). Hoje, a via periférica, muralha oca, cerca a cidade para responder a uma nova necessidade: melhorar a circulação urbana. Bulevar Periférico de Paris, vista da porta de Champerret. Fotografia, 1974.

Introdução

de a época carolíngia. Eles governam a partir de seu palácio episcopal ou de seu castelo – que na Itália são frequentemente estabelecidos em lugares escarpados, que serão chamados de a *rocca*. Em torno desses postos de comando constituem-se dois tipos de territórios: de um lado, a cidade propriamente dita, cingida em torno deles e entremeada de campos, e, de outro, os burgos da periferia. Desde o século XII, a evolução das cidades medievais consistiu na reunião, lenta e numa única instituição, do núcleo primitivo da cidade e de um ou dois burgos importantes. A cidade vai portanto lançar seu poder sobre certa extensão em volta, na qual exercerá direitos mediante coleta de taxas: é isso que se chamará de subúrbio. É certo que já existiam em Roma os arrabaldes, por exemplo, os arrabaldes dos marinheiros, da plebe, como a mal-afamada Suburre; mas a unidade contemporânea entre cidade e seu subúrbio, tão interdependentes, data da Idade Média.

Ainda assim a muralha isola a cidade. Com suas portas que podem se fechar de novo para o subúrbio.

Observe que essas portas dão o ritmo à nova muralha, que é, em Paris, o bulevar periférico, tornando-o ao mesmo tempo tão impermeável e poroso quanto as velhas muralhas.

É a permeabilidade, desde a Idade Média, entre o subúrbio e a cidade, sobre a qual o senhor gosta de insistir.

Jamais se dirá o suficiente quanto à importância das ordens mendicantes, dominicanos e franciscanos

Introdução

principalmente, na história das cidades da Idade Média. Vou contar como os mendicantes utilizaram a unidade, o vaivém entre cidade e subúrbio. No século XIII, parecia essencial a essas ordens fazerem-se aceitas dando às populações o exemplo da pobreza e da humildade; elas extraem as lições dos movimentos sociais que estão emergindo, nos quais as pessoas simples da cidade questionam a atitude dos poderosos e, em particular, a dos senhores, os quais, de seu campo, de suas fortalezas, continuam a dominar o espaço, incluindo o espaço urbano. Em contraposição, a riqueza se cria de um modo ainda mais brutal na cidade, com os mercadores, os burgueses, o comércio. Diante da arrogância dos novos-ricos e dos antigos poderosos que estão sempre aí, para convencer o povo, para não deixá-los rebelar-se contra a ideologia cristã da época – perdoem-me a expressão –, essas novas ordens mendicantes querem dar o exemplo. É essa mesma a expressão que eles empregam: "pregar o exemplo". Como, então, eles concebem sua inscrição no espaço? Eles chegam a uma cidade, fala-se deles, são novos personagens que provocam uma certa curiosidade. Mas eles ainda não adquiriram prestígio nem poder e, além disso, empenham-se em pôr em prática os ideais que pregam. Onde vão se estabelecer então? No limite da cidade. E com frequência fora dela, na proximidade de suas portas. Onde o terreno é barato, onde muitas vezes recebem de presente uma casa ou um lote de terra. Como este não tem valor tão alto, não

Introdução

A partir do século XIII, a notória opulência da Igreja suscita a dúvida em número cada vez maior de fiéis. São Francisco e São Domingos estão na origem de uma renovação da sensibilidade religiosa. Instalam-se nas portas da cidade, assumem sua pobreza e atraem número cada vez maior de leigos. Na fachada de um hospital, simbolizando a caridade urbana, os fundadores das duas grandes ordens mendicantes urbanas, no início do século XIII, trocam um abraço que exprime a paz e a fraternidade que fazem reinar na cidade. Andrea Della Robbia, *Rencontre de Saint François et de Saint Dominique*, século XV. Florença, Hospital São Paulo dos Convalescentes.

chega a ser um donativo oneroso o que lhes é concedido. Já não são mais os tempos dos séculos precedentes, em que os ricos senhores davam aos conventos beneditinos, às igrejas vastas terras situadas no campo e, mais raramente, na cidade.

Os mendicantes, portanto, encontram-se modestamente instalados na periferia, perto da muralha, no interior, mas às vezes também no exterior, da cidade. Eles manifestam assim o caráter subordinado e pobre do subúrbio com relação à cidade e ao centro da cidade. E o que acontece em seguida? Rapidamente, os mendicantes, dominicanos e franciscanos em particular, tornam-se conhecidos, estimados e poderosos. Não diria ricos, porque recusam sempre a

Introdução

propriedade individual, mas são assessorados por administradores leigos que gerenciam para eles os bens importantes, e seus conventos e suas igrejas aproximam-se pouco a pouco do centro ou, em todo caso, do interior da cidade. Isso é muito nítido na Itália, em Florença, em Veneza. Na França, muitos desses conventos foram destruídos quando da Revolução Francesa. Podemos apenas decifrá-los nos nomes dos lugares e ruas, ali onde estavam instalados, sob a Revolução Francesa, os clubes políticos: o convento dos jacobinos, do qual nada mais resta, que ficava ao lado do Panthéon, na Rua Saint-Jacques, e o convento dos cordeliers, cujo vestígio é, na Universidade de Paris-V, a antiga Faculdade de Medicina. Como melhor ilustrar a imantação do subúrbio pelo centro, que a Idade Média colocou em movimento e a época contemporânea concluiu?

A questão central deste livro consistirá em interrogar a cidade na longa duração que começa, a seu ver, na Idade Média. A cidade se estende para todos os lados hoje, e os terrenos próximos dos aeroportos ou das novas confluências de vias podem tornar-se mais caros que os do centro. Os equilíbrios tradicionais da urbanização não foram rompidos em proveito da periferia?

Você aponta para uma diferença de dimensão que é preciso desde já esclarecer pela demografia. Hoje, a maioria da população mundial vive em cidades, o que não significa que todos os citadinos renunciaram às atividades agrícolas – pensemos nas cidades da China, nas do leste da Rússia, ou em Kinshasa, que

Introdução

nisso lembram as cidades medievais. Ocorre que estas, no início do século XVI, concentravam talvez 10% da população do Ocidente – 10% apenas. Mas esses 10% dispunham de um poder criador, um poder de dominação, um poder de difusão de riquezas, um poder que não era proporcional aos números da população. Tal como aquelas águas nas quais se derrama uma gota de corante, que basta para colorir toda a bacia.

A cidade inovadora,
palco de igualdade e festa da troca

A cidade inovadora, *palco de igualdade e festa da troca*

A entrada de reis e príncipes glorifica a função de encontro, de hospitalidade e de festa cujo lugar central, material e simbólico, é a porta da capital. Carlos IV, o Belo, recebe em Paris sua irmã Elizabeth, rainha da Inglaterra, 1325. Iluminura extraída das *Chroniques de sire Jean Froissart*, século XIV (manuscrito francês 2643, f.1). Paris, Biblioteca Nacional da França.

A cidade contemporânea, apesar de grandes transformações, está mais próxima da cidade medieval do que esta última da cidade antiga. A cidade da Idade Média é uma sociedade abundante, concentrada em um pequeno espaço, um lugar de produção e de trocas em que se mesclam o artesanato e o comércio alimentados por uma economia monetária. É também o cadinho de um novo sistema de valores nascido da prática laboriosa e criadora do trabalho, do gosto pelo negócio e pelo dinheiro. É assim que se delineiam, ao mesmo tempo, um ideal de igualdade e uma divisão social da cidade, na qual os judeus são as primeiras vítimas. Mas a cidade concentra também os prazeres, os da festa, os dos diálogos na rua, nas tabernas, nas escolas, nas igrejas e mesmo nos cemitérios. Uma concentração de criatividade de que é testemunha a jovem universidade que adquire rapidamente poder e prestígio, na falta de uma plena autonomia.

Em 1300, menos de 20% da população do Ocidente residem em cidades e a maior aglomeração é, de longe, Paris, com... 200 mil habitantes, não mais.

A importância de Paris decorre da justaposição de várias populações. De um lado, uma população às vezes ainda agrícola, artesã e comerciante, e, de outro, uma população aristocrática. Diferentemente das cidades francesas, em particular do Norte, onde a nobreza não reside, em Paris residem geralmente as grandes famílias ou os altos prelados, como o abade de Cluny (daí o Hôtel de Cluny), como o arcebispo de Sens, de quem depende o bispo de Paris (daí o Hôtel de Sens). Essa população aristocrática dispõe de um forte poder de consumo: pode-se dizer que uma das principais indústrias parisienses é a indústria suntuária; os ofícios de arte não farão outra coisa senão se desenvolver até a Revolução, concentrados no subúrbio de Saint-Antoine, que nos legou marceneiros e lojas de móveis. Essa localização mostra, aliás, que, apesar de tudo, mesmo uma atividade econômica tão honorável como a dos ofícios de arte não se situa no coração da cidade: é fora das muralhas que se encontra o subúrbio de Saint-Antoine. As atividades econômicas que se instalam no próprio coração da cidade são essencialmente os locais de abastecimento, como Les Halles, em Paris.

Três espaços principais dividem a Paris medieval: o econômico, o político e o universitário. O primeiro é a margem direita, em torno dos mercados construídos por Philippe Auguste, com o

O Sena ocupa um lugar maior na vida da capital. As mercadorias chegam ao porto de Grève. A cidade que exibe seu nome (*Parisius*) mostra ao mesmo tempo suas funções defensiva e econômica.
A poderosa corporação dos mercadores-barqueiros está na origem da autonomia progressiva de um poder municipal. Sobre a ponte, quatro homens puxam um barril; no Sena, um barco de carvoeiro. Iluminura extraída de *La vie de Monseigneur Saint Denis, glorieux apôtre de France*, compilada segundo Hilduin pelo abade Gilles, século XIV (manuscrito 2092, f.1). Paris, Biblioteca Nacional da França.

A cidade inovadora, *palco de igualdade e festa da troca*

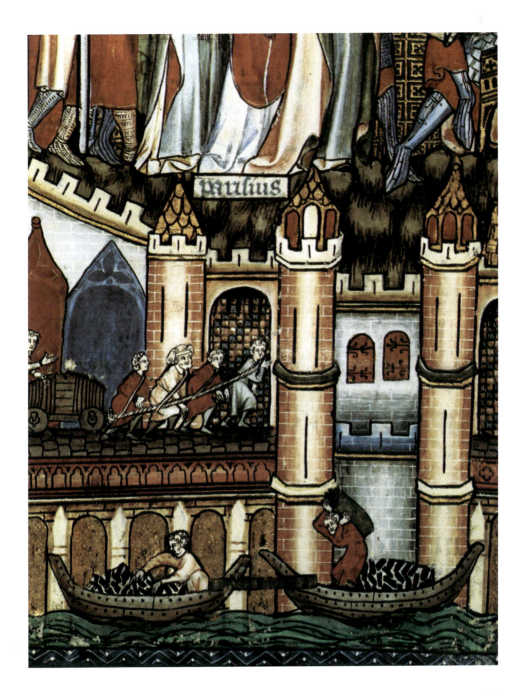

A cidade inovadora, *palco de igualdade e festa da troca*

A cidade inovadora, *palco de igualdade e festa da troca*

Religião e economia: um episódio da vida de São Denis, padroeiro de Paris; é a oportunidade para representar a alimentação da cidade graças aos numerosos barcos-moinhos, sob a Grande Ponte, no Sena. O papa Sisinio mostra a São Denis, São Rustique e São Eleutério os corpos dos cristãos que condenou à morte. No Sena, os moinhos sob a Grande Ponte de Paris. Iluminura extraída da *La vie de Monseigneur Saint Denis, glorieux apôtre de France*, compilada segundo Hilduin pelo abade Gilles, século XIV (manuscrito 2092, f.37 v.). Paris, Biblioteca Nacional da França.

porto, a Place de Grève, onde se situa também o mercado da mão de obra. Os equipamentos aí são extremamente rudimentares. O que quer que aconteça (*Fluctuat nec mergitur*), esse lugar é estimulado pelo comércio por via fluvial – controlado pela guilda dos mercadores-barqueiros – que sobe o Sena desde Rouen. Já na Antiguidade, eram poderosos os navegadores parisienses que manejavam os barcos transportando mercadorias, como pode testemunhar um monumento conservado no museu de Cluny. A Île de la Cité é o lugar do poder político e eclesiástico, o rei e o bispo, depois o parlamento, a partir do fim do século XIII. Por fim, na margem esquerda concentra-se a cidade escolar, universitária e intelectual. Essa tripartição marca ainda fortemente a fisionomia de Paris: basta observar hoje o protesto que suscita o deslocamento das *maisons* de modas tradicionalmente mais numerosas na margem direita, em direção a Saint-Germain-des-Prés!

O que significa que, se pensamos na longa duração, se formos além mesmo do caso de Paris, as funções essenciais de uma cidade são a troca, a informação, a vida cultural e o poder. As funções de produção – o setor secundário – constituem apenas um momento da história das cidades, notadamente no século XIX, com a Revolução Industrial, visível sobretudo nos subúrbios situados na periferia. Elas podem desfazer-se; a função da cidade permanece.

Não estou completamente de acordo com a famosa divisão dos economistas em setores primário, secundário e terciário. Parece-me que atividades

A cidade inovadora, *palco de igualdade e festa da troca*

A cidade inovadora, *palco de igualdade e festa da troca*

A cidade inovadora, *palco de igualdade e festa da troca*

Páginas precedentes.
À esquerda.
Até o século XIX, a cidade é permeada de jardins, locais de produção hortícola, de lazer dos poderosos ou de silêncio em torno das propriedades eclesiásticas. Seu bom ordenamento testemunha a racionalização da natureza e da agricultura no ambiente urbano, no fim da Idade Média. Jardim de recreação num ambiente urbano. Os jardineiros se ocupam sob o olhar do mestre. Iluminura extraída de *Le livre des prouffitz champestres*, de Pierre de Crescens, século XV (manuscrito 5064). Paris, Biblioteca do Arsenal.

À direita.
Os jardins persistem no século XX, na periferia parisiense. Sua produção hortícola beneficia o cotidiano das famílias operárias. Jardins operários em Suresnes. Fotografia, 1943.

importantes estão assentadas em dois setores, e penso, em particular, no artesanato. Naturalmente, o artesanato faz vir de fora as matérias-primas, mas as transformações são feitas em Paris. O artesanato é de grande importância, ele é muito produtivo. São Luís, que pretendeu controlá-lo, descreveu-o em uma medida disciplinar. Pediu ao preboste de Paris, Étienne Boileau, que fossem redigidos os estatutos dos ofícios de Paris, aquilo que se denomina *Livre des métiers*: há mais de cem deles! Assim, o artesanato estende-se entre aquilo que se costuma chamar de primário e secundário. Como, aliás, a produção da farinha, do pão. A este respeito, Paris, durante muito tempo, foi um grande centro "industrial". Ainda podem ser vistos, não longe do centro de Paris, os Grandes Moinhos, que estão desaparecendo nas amplas transformações atuais. Da mesma forma que desapareceram há muito tempo os barcos sobre os quais eram fixados os moinhos e que eram amarrados às pontes, às dezenas. Conservamos miniaturas que nos mostram as pontes de Paris, com as casas construídas em cima e os moinhos amarrados aos pilares.

Da mesma maneira que se esquece aquilo que foi a função agrícola das cidades, e que reencontramos em algumas cidades da África, Bangui, Brazzaville, Kinshasa. Em Bamako, os criadores peúles guardam as cabras na cidade. Parece que 20% da população do Cairo praticam a agricultura.

É uma situação medieval. A "desruralização" da cidade é um fenômeno do século XIX. Até o século

XIX, persiste uma certa atividade rural nas cidades, e ela é sempre suscetível de ser retomada em caso de necessidade. Vi isso recentemente na China: a casa da família, com o quintalzinho para os legumes, os frutos necessários ao consumo familiar e que são trocados com os vizinhos. Encontram-se assim campos e, principalmente, terrenos onde podem pastar os rebanhos. A cidade, portanto, pode ser penetrada pelo campo; não seria pertinente definir, a este respeito, uma separação absoluta.

Desruralização da cidade no século XIX, desindustrialização no século XX, a cidade contemporânea perdura, contudo, na sua essência. E sua essência está em outro lugar, na função da troca.

A cidade é agrupamento de profissionais, de especialistas. Pensemos naquilo que é hoje, em Paris, primeira cidade europeia de congressos, o Salão da Agricultura. A feira e o mercado da Idade Média ofereciam as mesmas ocasiões de trocas e de oportunidades de modernização. Os Conselhos das ordens mendicantes que se tornaram as principais ordens religiosas a partir do século XIII ocorrem nas cidades e provocam uma grande aglomeração não apenas de religiosos, mas também de todo um círculo para alimentá-los, fornecer-lhes livros, objetos religiosos etc. Na sociedade antiga, o grande domínio, a *villa*, era um centro de produção e de comercialização que reduzia a função econômica das cidades. Esta começa a se desenhar na Idade Média nos termos que conhecemos.

Páginas seguintes.
À esquerda.
O mercado *intra muros* é instalado perto da porta por onde chega o abastecimento. Lojas e açougues testemunham a influência da arquitetura urbana sobre os estabelecimentos econômicos. Vista do mercado da porta de Ravena, em Bolonha. Iluminura extraída de um manuscrito italiano, século XV. Bolonha, Museu Cívico.

À direita.
O mercado anima regularmente as praças urbanas e permanece o lugar dos bons negócios, como aqui ao pé do Temple Neuf, em Metz. Na cidade moderna, ele muitas vezes conservou sua localização central, perto de uma igreja. Mercado, Praça da Comédia, em Metz, Moselle. Fotografia, 1978.

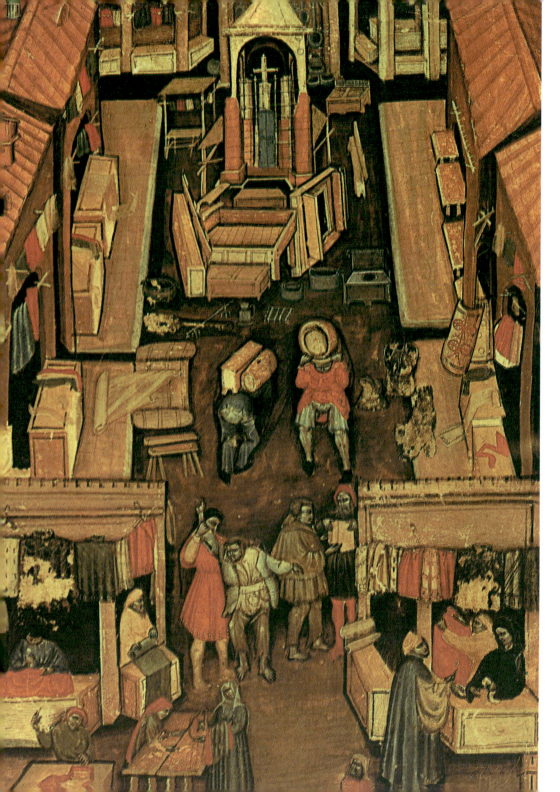

A cidade inovadora, *palco de igualdade e festa da troca*

Impossível não falar, nesse momento, do dinheiro, da moeda.
O fato fundamental é que se tem muito mais necessidade de dinheiro na cidade do que no campo. Primeiro, porque muito raramente o camponês é levado a comprar coisas para as quais precisa de moeda. De outro modo, as somas, os valores em questão são muito menores do que na cidade, onde os gastos, muitas vezes ostentatórios, quer se trate de casas, aluguéis, alimentação, vestuário, exigem mais uso de dinheiro. Em suma, a cidade suscita aqueles que, a partir do século XIV, serão chamados de banqueiros, isto é, pessoas que faziam então operações muito simples, em lugares muito simples, com frequência em espaços exteriores, sobre bancas ("banqueiro" vem daí). Sua atividade essencial é o câmbio: estamos numa sociedade em que a grande multiplicidade de moedas dificulta a economia. É aí que vemos aparecer o papel dos judeus. Porque eles se tornaram os especialistas não do câmbio (são cambistas bastante modestos), mas do empréstimo. Empréstimo a juros e empréstimo para consumo. Eles são quase que os únicos que podem dispor de somas sobre as quais cobram um juro, e pelas quais tomam garantias que beneficiam fortemente o credor – louças, vestuário, tecidos, coisas da vida cotidiana. Aquele que toma emprestado dos judeus se despoja e alimenta um ódio terrível em relação a isso. Contudo, esse ressentimento é consequência da organização da economia e da sociedade. Progressivamente, os judeus

Estes vitrais reproduzem "a história do judeu e da hóstia", também chamada "milagre de Billettes", célebre na Idade Média. Uma burguesa parisiense havia entregue ao judeu Jonatas uma hóstia consagrada que ele profana. Jonatas foi então preso e queimado vivo.
Aqui, as duas primeiras cenas, que representam a burguesa e o judeu negociando no mercado. Os judeus na cidade são frequentemente ligados à moeda. Vitral proveniente da igreja de Santo Elói de Rouen, século XVI. Rouen, Museu Regional de Antiguidades.

A cidade inovadora, *palco de igualdade e festa da troca*

POR AMOR ÀS CIDADES   37

foram expulsos de todos os ofícios. No século XIII, eles são excluídos da posse da terra, mesmo como camponeses servos de um senhor; deixam então os campos.

E também não são bem-vindos na cidade? Pode-se lembrar que em Estrasburgo há o sino que toca, de manhã, para permitir-lhes a entrada na cidade e, à tarde, para ordenar-lhes que saiam.

Trata-se de uma instituição relativamente tardia. A hostilidade com relação aos judeus aparece no fim do século XI. Os movimentos antijudeus generalizam-se a partir do século XIV e, no fim da Idade Média, restarão apenas duas soluções para os judeus. Uma é pura e simplesmente a expulsão: não há mais judeus no reino da França a partir do fim do século XIV, Charles VI expulsa-os a todos, seguindo o exemplo ainda mais precoce da Inglaterra, desde o início do século XIV. A outra solução, particularmente na Itália, na Europa central e no leste europeu, é o gueto.

Os judeus, desse modo enfraquecidos, podem permanecer como os únicos credores?

Eles não circulam mais a não ser como credores. As Escrituras predeterminam igualmente essa separação dos papéis: o Antigo Testamento proíbe – aos judeus, inicialmente, e, depois, isso foi retomado pelos cristãos – que se empreste a juros a seu irmão. Portanto, os judeus não praticam o empréstimo entre eles, mas o praticam em relação aos cristãos, não há nenhuma restrição que pese a esse respeito. Da mesma forma, durante muito tempo,

A cidade inovadora, *palco de igualdade e festa da troca*

Páginas precedentes.
À esquerda.
A cidade é o reino da construção: as casas dos poderosos e ricos dão provas disso, entre os monumentos urbanos.
Ambrogio Lorenzetti, *Effets du bon gouvernement dans la ville*, 1337-1339 (detalhe: arquitetura e construção de uma casa). Siena, Palácio Público.

À direita.
Exagera-se a verticalidade na cidade contemporânea; as técnicas de construção sofreram uma revolução. Mas o homem, o trabalhador urbano, está sempre ali, correndo risco de vida.
Fotografia, Estados Unidos, 1934.

Página seguinte.
O século XVI desenvolve ainda a monumentalidade urbana. Nas cidades portuárias, a atividade comercial continua central, entre economia e religião, entre o moinho de vento e a capela.
A porta de Palma de Maiorca. Nissart, *Retable de Saint Georges* (detalhe), século XVI. Palma de Maiorca, Museu da Catedral.

os cristãos não obtêm esse tipo de empréstimo a juros a não ser com os judeus. Pouco a pouco, os cristãos, em particular os mercadores, também se tornarão credores. Num estudo de Georges Espinas, datado de 1933 e consagrado a um grande mercador de Douai, Jehan Boimbroke, vemos de que modo ele, ao mesmo tempo credor e empregador, domina e explora toda uma série de dependentes, de trabalhadores e trabalhadoras. Para não ser um desocupado, é preciso obter o trabalho junto a um empregador. Este exige que o operário ou a operária alugue uma moradia da qual ele é proprietário e, quando ele quer, aumenta o aluguel, sem regulamentação: esta existe para os clérigos, para os mestres e para os estudantes, mas não existe em favor dos trabalhadores. Os empregadores aumentam o aluguel ainda que os operários não possam mais pagá-lo. Fortalecidos por esse sistema infernal, os primeiros não põem os segundos na rua, mas diminuem a remuneração de seu trabalho e acabam por fazê-los trabalhar sem pagamento, simplesmente oferecendo-lhes um teto. Isto explica por que os operários são, então, obrigados a trabalhar no paralelo, o que não significa trabalhar clandestinamente por causa da ausência de regulamentação. Isto vale ainda mais para as mulheres. Na Idade Média, há duas grandes "indústrias", se é que se pode chamar assim essas duas grandes atividades, a construção e a tecelagem. A construção é um mundo à parte que recruta mais frequentemente por canteiros de obras e que se organiza de tal modo que daí têm origem as lojas maçônicas. O ramo

A cidade inovadora, *palco de igualdade e festa da troca*

São Martinho, que desconfiava das cidades, é aqui integrado na história urbana. O santo acaba de cortar seu manto para dar metade dele a um pobre. Iluminura extraída das *Heures d'Étienne Chevalier*, por Jean Fouquet, cerca de 1452-1460 (manuscrito 71). Paris, Museu do Louvre, Coleção dos Desenhos.

têxtil é a anarquia. Aí, os empregadores podem obrigar as mulheres a trabalhar apenas para manter sua miserável casa. Para o restante, que se prostituam! Paremos por aí: estas são as páginas mais vergonhosas da história da burguesia europeia, ainda que no século XIX...

Nunca se imagina suficientemente o quanto as trocas, na Idade Média, eram feitas, muito mais do que hoje, pelas vias fluviais. As cidades geralmente eram portos.

Basta um pequeno curso de água, um atracadouro de madeira. É espantoso encontrar no coração das terras uma denominação portuária numa cidade como Clermont-Ferrand, cuja belíssima igreja romana do século XII se chama Notre-Dame-du-Port, porque era a igreja do bairro portuário, isto é, das trocas. Um rei como São Luís parte de Paris para a maioria dos seus locais de residência e retorna a Paris por barco. Um pesquisador definiu as cidades medievais como pequenas Venezas, com seus riachos-canais.

Precisamente em Paris, por que a praça atual do Hôtel-de-Ville, à margem do Sena, se chamava, na Idade Média, Place de Grève?

Voltamos ao tema da troca sem regulamentação. A Place de Grève é o lugar em que se reúnem, todas as manhãs, os trabalhadores que não fazem parte de uma corporação, que não têm emprego fixo. Temos a imagem de uma Idade Média e de uma época moderna – é verdade, aliás, que ela é um

A cidade inovadora, *palco de igualdade e festa da troca*

POR AMOR ÀS CIDADES 45

A cidade inovadora, *palco de igualdade e festa da troca*

pouco mais verdadeira para a época moderna do que para a Idade Média – que seriam totalmente enquadradas por corporações, mas a maior parte dos trabalhadores é constituída de operários não organizados, sem defesas, vulneráveis, que chegam de manhã para oferecer seu trabalho para o dia todo. A essas pessoas precarizadas, como diríamos hoje, resta a revolta – esta é bastante rara, mas haverá revoltas urbanas muito importantes no século XIV, espalhadas pela cristandade, em Florença, em Paris –, ou então o recurso de provocar tumultos, os *"taquehans"* do francês antigo, e verdadeiras greves. Temos a narrativa do que se passa no fim do século XII, em Colônia, a respeito de um religioso que se tornara servente de pedreiro por devoção. Ele trabalhava gratuitamente com os outros serventes como forma de penitência e de piedade. Desencadeia-se uma greve desses trabalhadores da qual ele não participa porque, de certo modo, é um falso operário. O resultado? Os grevistas o lançam no Reno. Disso nasceu uma lenda segundo a qual dois anjos o tiraram do Reno; ressuscitado, o homem tornou-se santo. Trata-se de um episódio interessante que mostra as realidades do mercado de mão de obra. É ao mesmo tempo o movimento demográfico e a economia que criam, a partir do século XIII, mas sobretudo a partir do século XIV, esse novo tipo de população urbana que são os marginais, para os quais é extremamente frágil o limite entre pobreza, miséria e crime, mais ainda para as mulheres, que se debatem entre a miséria e a prostituição.

Atualmente mal se consegue distinguir entre os trabalhadores permanentes, isto é, aqueles que têm um trabalho no início do ano e que nele permanecem até o fim do ano, e aqueles que têm apenas contratos com duração determinada.
Para os assalariados dos séculos XIII e XIV, seria possível estabelecer a proporção entre uns e outros? Hoje se chega, na Alemanha, a uma taxa de 50% e, na França, a uma taxa de apenas 60% a 70% de trabalhadores permanentes.

> Penso que a proporção é mais baixa ainda numa cidade como Paris, no século XIII ou no XIV; diria que o número de permanentes deve ser de 30% e que o restante se dispersa num mercado quase diarista: os mais afortunados podem conseguir contratos por semana. Vemos hoje, aliás, na ação social dos trabalhadores, os esforços para eliminar esse mesmo risco de precarização.

Isso que o senhor diz incide sobre nosso debate contemporâneo sobre o trabalho que, dizem, seria um valor de estabilidade reconhecida há décadas, mesmo séculos. O historiador agrava essas afirmações de um modo incisivo.

> Pode-se divisar uma evolução, uma trajetória da noção de trabalho, do valor ligado ao trabalho e, simplificando as coisas, dizer que na alta Idade Média o trabalho é uma atividade e um valor menosprezados. Por quê? Trata-se sobretudo de trabalho rural e, segundo uma tradição que o cristianismo apenas reforça com relação à Antiguidade, o camponês é menosprezado. Na Antiguidade, ele é o grosseiro, o rústico, em oposição ao homem da cidade.

A cidade inovadora, *palco de igualdade e festa da troca*

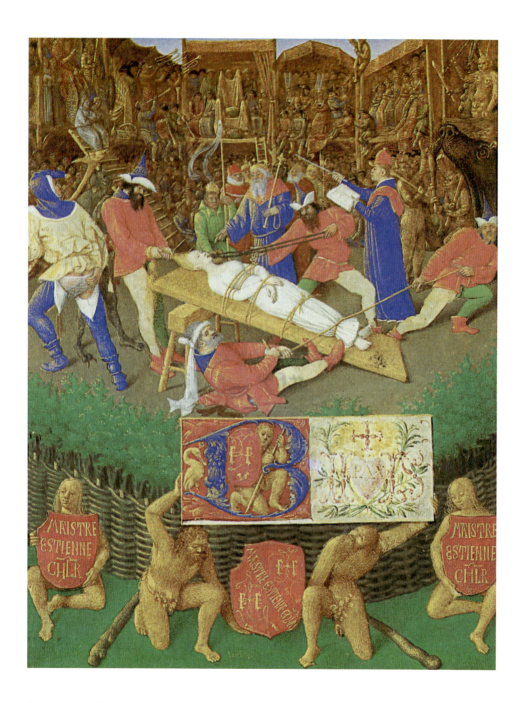

A cidade inovadora, *palco de igualdade e festa da troca*

O camponês não tem sorte com o cristianismo: como ele é quase que o último a se deixar cristianizar, ele se torna para os cristãos, que geralmente moram nas cidades, o pagão por excelência, e o termo pagão, *paganus*, quer dizer também camponês (*paysan*). Essa identificação camponês-pagão não se faz para reforçar o prestígio do trabalhador por excelência que é o camponês, encarnação do homem condenado ao trabalho pelo pecado original. Uma valorização do trabalho vai ocorrer lentamente nos monastérios. A partir do século IX, a difusão, em toda a cristandade, da regra de São Bento, que insiste muito na importância do trabalho manual, representa um acontecimento muito importante para a história do Ocidente. O monge, ele próprio trabalhando, valoriza-o, considerando o trabalho uma forma de penitência e de oração.

Mas, seja qual for o *status* depreciado de numerosos trabalhadores que evocamos, a grande valorização do trabalho se dá na cidade. Esta é uma das funções históricas fundamentais da cidade: nela são vistos os resultados criadores e produtivos do trabalho. Todos esses curtidores, ferreiros, padeiros... são pessoas que produzem coisas úteis, boas e, às vezes, belas, e tudo isso se faz pelo trabalho, à vista de todo mundo. Inversamente, a ociosidade é depreciada: o preguiçoso não tem lugar na cidade. Some-se a isso que, a partir do momento em que se desenvolve um movimento escolar num certo número de grandes cidades, o fato de ensinar e aprender contribui para a valorização do trabalho.

O martírio de uma santa transforma-se numa cena de teatro religioso urbano. Pode-se aí reconstituir uma representação do *Mystère de Sainte Apolline*, até nos menores detalhes da encenação, com o cenário simultâneo dos palcos coordenando atores, músicos e cantores entre o "Ceú" e o "Inferno".
Martírio de Santa Apolônia. Iluminura extraída das *Heures d'Étienne Chevalier*, por Jean Fouquet, cerca de 1452-1460 (manuscrito 71). Chantilly, Museu Condé.

POR AMOR ÀS CIDADES   49

Enfim, no plano religioso e espiritual, é nas grandes igrejas das cidades, nas catedrais, como a catedral de Chartres, que se opõem na escultura – mas numa oposição de igualdade – a vida ativa e a vida contemplativa. A vida ativa, a dos trabalhadores – Santa Marta, Santo Elói, o ferreiro... –, é mostrada como tendo um valor religioso. Marta é elevada à altura de Maria. Será preciso esperar o crescimento dos vagabundos, dos desempregados, dos miseráveis, para que haja novamente um questionamento sobre o valor do trabalho. Vivemos ainda nessa hesitação, entre a valorização e a condenação do trabalho. Todo o debate do fim do século XX em torno da diminuição do tempo de trabalho é muito equivocada do ponto de vista ideológico, aí se encontram, indestrinçáveis, tanto a valorização dos trabalhadores quanto a depreciação do trabalho.

*Sob a História, com H maiúsculo, existem as histórias; sob as venturas ou desventuras, existem narrativas individuais e, sob o trabalho, há o tráfico. A economia da cidade é também uma economia subterrânea muito difícil de medir. A cidade d'*As mil e uma noites *é também a cidade do tráfico. A vida dos portos é a vida ilegal.*

O tráfico econômico que você evoca, na Idade Média e sob o Antigo Regime, é essencialmente o contrabando. Ele é feito de preferência fora das cidades, nas montanhas, nas estradas, nos litorais. Dado

A cidade inovadora, *palco de igualdade e festa da troca*

que a mercadoria entra na cidade, nos tempos antigos, não tendo sido ela objeto de falsificação pelos pesos e moedas, há poucas possibilidades de tráfico. O trabalho clandestino não faz parte da sociedade nem da organização da cidade antiga. O grande recurso, na cidade, para o pobre ou para o esperto, é a mendicância e o roubo, que é punido com severidade. Alguém que se dá bem é alguém que sabe roubar. A cidade fervilha de ladrões...

A respeito da mendicância urbana, nossa mentalidade evoluiu completamente: eis um ponto em que sopra o espírito de continuidade. Até a crise do século XIV, o pleno emprego predomina, mais ou menos, na cidade medieval; e se o pobre deve recorrer à mendicância, esta é, se não louvada, ao menos reconhecida. Na Igreja, as novas ordens do século XIII, dominicanos e franciscanos, denominam a si mesmas ordens mendicantes. O mendicante é quase que desejado na cidade, ele permite ao burguês trabalhar pela sua salvação oferecendo esmolas. Hoje nos submetemos a um sistema totalmente distinto. Nas cidades medievais, se os conselhos de cidade tivessem tomado resoluções proibindo a mendicância, teriam sido completamente incompreendidos e, provavelmente, teriam suscitado rebeliões. A mendicância tinha, com efeito, um duplo mérito: de um lado, coloca em evidência a miséria do homem, e, de outro, para aqueles que se acham do lado bom da roda da Fortuna, ela dá a oportunidade de trabalhar por sua salvação mediante a esmola,

A cidade inovadora, *palco de igualdade e festa da troca*

Páginas precedentes.
No fim da Idade Média, o comércio torna-se um ofício de pessoas importantes da cidade, profissionais que sabem medir, contar, classificar.
Mercadores. Escola Lombarda, século XV (manuscrito latino *De Sphera*, n.209). Modena, Biblioteca Municipal.

que persiste, e até se desenvolve, como a forma de caridade que é, de longe, a mais recomendável. Praticamente se ia à procura dos pobres, fazendo-os migrar para a cidade para oferecer ao burguês a possibilidade de fazer a caridade.

E o migrante, precisamente, como ele é visto?

O estrangeiro, durante muito tempo, é recebido, antes, com interesse, curiosidade e honra, do que como objeto de repulsa e desprezo. Sobretudo o estrangeiro que traz uma nova maneira de bordar, uma nova técnica de ourivesaria e que a cidade adota, ainda mais quando essa técnica pode transformar a habilidade de um indivíduo numa produção em série.

Mas o migrante pobre e desprovido?

Ele deve, no conjunto, sentir-se um pouco menos pobre na cidade do que no campo, como o camponês da África que prefere amontoar-se nas Brazzavilles negras. Como este, ele não retorna à sua aldeia, quaisquer que sejam as humilhações sofridas na cidade. O camponês urbanizado que retorna ao campo é algo que se vê muito pouco.

Ainda assim, o joão-ninguém devia ser mal recebido, mais ainda quando vinha do mar e não da terra.

De fato, Nápoles, Veneza, Gênova, Marselha, Londres, Anvers, Bruges – que é um porto nessa época –, Lübeck, o grande porto alemão, Riga, o grande porto báltico, olham com desconfiança a população periódica e selvagem dos marinheiros, que é preciso controlar. Temos uma coletânea de modelos de sermões, escritos por volta de 1230-1240 por um pregador célebre na época, Jacques de Vitry, indicando que, segundo as diferentes profissões, as pessoas estavam mais sujeitas a cometer tal ou tal pecado. Os marujos não eram poupados: a imagem que nos é dada nessa coletânea é a de um mundo selvagem, exterior à sociedade cristã. A tal ponto que, quando São Luís embarca para a cruzada e vê a horda dos marujos, ele se assusta. Ele os interroga, percebe que não rezam, não vão nunca à missa; aliás, nos navios, como poderiam fazê-lo? Ele havia tomado suas precauções: outorga que se construa um altar com sacrário. Obriga os marinheiros a seguir a missa, o que muito lhes desagrada. Esses marinheiros são, então, mostrados como pessoas sem eira nem beira, o que é um grande erro nas épocas antigas. Uma das virtudes das pessoas das cidades é, durante muito tempo, ter um lugar. O citadino é alguém que talvez parta em peregrinação, mas que, normalmente, tem um lugar: frequentemente ele tem uma casa, ao passo que o camponês pode perder sua terra. Já vimos que mesmo os trabalhadores e as trabalhadoras mais pobres desdobram-se para ter um teto. Os marinheiros, por sua vez, não têm teto nem moralidade: a representação positiva que deles fazem hoje as cidades de beira-mar, quando de seus festivais de veleiros e velhas equipagens, é relativamente recente.

A cidade inovadora, *palco de igualdade e festa da troca*

Ainda que seja excluída esta ou aquela categoria marginalizada, os judeus de que falávamos antes e os marinheiros, isso não impede a constituição, na cidade, de uma opinião pública.

Não há opinião pública no campo, mas, a meu ver, há uma que se constitui na cidade desde o século XIII. Em Florença ou em Paris, mesmo que seja para comentar sobre o Arno, o Sena ou o céu, todo um povo fala, se comunica, comenta. Veja a agitação provocada pela chegada de um ilustre personagem. A esse respeito, estamos bem informados sobre a viagem feita a Paris por Henrique III da

As universidades urbanas que lecionam teologia constituem o mais alto grau de ensino. O mestre é entronizado na cátedra como um soberano. Iluminura extraída de Postilles sur le Pentateuque, *de Nicolas de Lyre, século XIV (manuscrito 129, f.32 r.). Troyes, Biblioteca Municipal.*

Inglaterra, porque um cronista inglês, Matthew Paris, narrou detalhadamente essa visita. Henrique III adora passear por Paris. É um rei que todo mundo hostiliza na Inglaterra, tanto a arraia-miúda das aldeias quanto os barões. Ele fica feliz por encontrar-se num lugar onde lhe fazem festa por ser um estrangeiro – volto ao fato de que, na época, quase não existe xenofobia. Pelo contrário, faz-se festa ao estrangeiro real que vem a Paris. Henrique III, radiante, impressiona-se com todas as pontes que são construídas com as casas, o que parece não ter existido em Londres, nessa época. Ele acha isso muito surpreendente e belo e, verdadeiramente, toma aquilo que hoje chamaríamos de banhos de civilização. E, mais uma vez, ele se impressiona de poder fazê-lo sem ser hostilizado, e sob aclamações. Uma grande recepção é organizada pelos estudantes ingleses na universidade, que não conta com instalações próprias mas utiliza aquelas onde é acolhida. A festa dura um dia e uma noite, e dela se comenta!

Enfim, falamos de festas! Vai-se à cidade também em razão de suas festas.

O teatro havia começado a renascer timidamente nas igrejas e nos monastérios, onde não apenas eram encenadas peças litúrgicas, mas algumas vezes até mesmo comédias latinas. No século XII, o *Jeu de l'Antéchrist*, as comédias de Terêncio, em latim, eram encenadas nos monastérios. No século XIII, isto se finda. O que vai sustentar o grande impulso do teatro, em particular com as famosas *Paixões*, que são encenadas diante das catedrais, é a grande praça das cidades, lugar do renascimento do teatro, de fato um verdadeiro nascimento. A esse respeito, Arras é uma cidade que se distingue, uma cidade de burguesia poderosa, uma cidade de mercadores, uma cidade de fabricantes de tecidos que promove as mais interessantes criações teatrais. Foi ali que se apresentou, em 1280, o *Jeu de la feuillée*, de Adam de la Halle: um de seus temas fundamentais é a ameaça que a cultura camponesa faz pesar sobre a cidade e sobre a cultura urbana. Veem-se fadas, camponeses que de algum modo vêm invadir, perturbar, corromper a cidade. É um apelo à população urbana para defender a cultura que ela criou contra o assalto da rusticidade.

Se se trabalha muito, em contrapartida pode-se desfrutar numerosos feriados e dias festivos como o carnaval que, apesar da desconfiança e da vigilância suscitadas pela noite, grávida de todos os perigos, seja a agressão dos vadios ou a do diabo, podem se prolongar em noites incomuns.

Sim, as festas, essencialmente religiosas, têm uma dupla função: de regozijo (e de glorificação de Deus e de seus santos) e de repouso. Aqui, ainda uma vez, aparece a inovação. Novas festas são criadas, especialmente urbanas; a mais importante e que tem grande e rápido sucesso é a festa de *Corpus Christi,* festa da eucaristia, nascida na cidade de Liège, dando lugar a magníficas procissões, criando novos trajetos e novas formas cerimoniais. O carnaval, que era na alta Idade Média uma festa rústica, camponesa, com forte conotação pagã, invade a cidade, urbaniza-se, e aí se introduz uma contestação ideológica. O carnaval transforma-se em algo que se opõe à quaresma, combate a mentalidade penitencial e ascética da religião cristã, faz triunfar o riso, que volta a ser, como na Antiguidade, algo próprio do homem, contra o pranto, expressão da contrição e do arrependimento que devem caracterizar o homem pecador.

E a inovação linguística pode ser medida? Para a França dos séculos XIX e XX, graças aos atlas linguísticos regionais, pode-se ver como se difundem as palavras da cidade, como se exerce a influência de Paris na região parisiense. Poderíamos, já para a Idade Média, perceber algo?

Este não é um campo em que eu seja muito competente. O que parece é que, tratando-se justamente de uma cultura escrita, as inovações linguísticas se dão essencialmente nas cortes principescas. Assim, na corte de Flandres, na corte de Champagne. Em definitivo, o francês nasce na corte real e, de preferência, na Île-de-France, mais do que em Paris. Os reis não estão continuamente em Paris e não é o ambiente parisiense que cria o francês, e sim o ambiente da corte real. Além disso, as linguagens não são, que eu saiba, linguagens típicas de cidades, mas linguagens de regiões. Falar-se-á, por exem-

A cidade inovadora, *palco de igualdade e festa da troca*

A festa e os jogos participam da identidade urbana, que procura se afirmar diante da cultura camponesa. Os jovens têm uma função particular.
Mestre do *cassone* Adimari, *Jeu du "civettino"*, século XV. Florença, Palácio Davanzati.

plo, o *picard*. Mas não falamos da linguagem "parisiense". Contudo, a língua da cidade vai trazer dois tipos de inovação muito importantes. De um lado, a linguagem dos artesãos, a linguagem dos mercadores, e, de outro, a linguagem sobre a qual Bakhtin insistiu, a da praça pública. No campo, há o lavadouro, o "parlamento das mulheres" (Lucien Febvre), há a forja, esse fórum interior dos homens. Na cidade, há a praça pública, o "tribunal dos flagrantes delírios" em que circulam os contos, as canções e os provérbios pelos quais a Idade Média é tão ávida.

Em compensação, na cidade há um uso muito maior da língua escrita que se aprende na escola e nas universidades. É na praça pública que a arte do comício faz também sua aprendizagem. No século XV, numa cidade como Metz, afixam-se chamados para reuniões que se situam entre a manifestação religiosa e a manifestação política. Isso também testemunha a criatividade urbana.

Criatividade que não seria compreendida se não fosse mencionado o papel das tão recentes universidades.

A universidade encontrou na cidade o húmus e as instituições. Isto é, de um lado, os mestres e os estudantes, e, de outro, as formas corporativas, que lhe permitiram existir, funcionar e adquirir poder e prestígio. Uma universidade completa constituía-se de quatro faculdades, aquilo que conhecemos até um passado recente: as artes, que chamaríamos

A cidade inovadora, *palco de igualdade e festa da troca*

de letras e ciências; a medicina; o direito, ou mais exatamente os dois direitos – civil e canônico –, e a teologia. Duas dessas quatro faculdades não impunham a seus membros nem o celibato nem a abstenção do comércio. Eram o direito e a medicina: os juristas e os médicos podiam casar-se, constituir uma família e cobrar pelos seus serviços.

Os teólogos e os juristas eram os personagens importantes, mas os mais inovadores na história das ideias e na história social foram talvez os médicos. Digo história social, e não história da saúde: esses médicos eram sábios que tratavam mais com o livro do que com uma verdadeira ciência. Mas pelas questões suscitadas pelo seu ensinamento, com respeito, por exemplo, ao corpo, ao cadáver, à sexualidade, eles trouxeram, conscientemente ou não, muitas inovações que não teriam conseguido manifestar-se num ambiente monástico. Mas as universidades continuam sendo pouco numerosas antes do século XV, na França. Paris, teológica e dominadora, Orléans, Toulouse, Caen criada pelos ingleses, e, à margem, Montpellier.

Tem-se a impressão de que o senhor apresenta a relação entre cidade e universidade como tendo sido sempre o fruto de uma dinâmica relativamente simples. Mas, afinal, as relações entre a cidade e a universidade nunca foram fáceis. Mesmo hoje, quando se considera a universidade necessária para criar um "polo de excelência" nas cidades e facilitar seu desenvolvimento terciário. Na Idade Média, a cidade procurava preferencialmente

A cidade inovadora, *palco de igualdade e festa da troca*

reduzir a autonomia da universidade, que, por seu lado, queria preservar suas estruturas, suas nações, suas tribos, suas províncias e, depois, sobretudo, sua faculdade de julgar a si mesma, de julgar seus resultados.

Uma universidade é, para uma cidade, um bom negócio, primeiro porque fornece um mercado e inquilinos para as casas: durante muito tempo, as universidades não têm seus próprios edifícios e, quando os tiverem, serão sobretudo destinados ao ensino, embora já se desenvolva o sistema dos colégios para bolsistas – o mais célebre, em Paris, é aquele fundado pelo amigo de São Luís, o cônego Robert de Sorbon, a futura Sorbonne. Os universitários, os estudantes, mesmo aqueles que se dizem pobres, dispõem, apesar de tudo, de um poder de compra. Há estudantes de origem camponesa, mas são raros. A maior parte deles vem, com mais frequência, da pequena nobreza e representa, portanto, consumidores que interessam à cidade e ao ambiente burguês. Mas, como órgão da Igreja, protegido por ela, a universidade coloca restrições à liberdade urbana. Aí entra a taxação, por exemplo, a taxação dos alojamentos. Os burgueses veem-se obrigados a alugar diversos alojamentos na cidade a um preço fixo, uma espécie de HLM [sistema de habitações populares, de aluguéis moderados], mas normalmente de qualidade, e pelos quais os proprietários pensam que poderiam obter mais lucro. Uma das censuras feitas aos universitários pelos burgueses é que eles não enriqueciam o fisco urbano porque eram isentos de impostos. A sensação de prestígio trazido à cidade pela universidade só será percebida lentamente, salvo em Bolonha, onde, desde o século XII, a cidade se orgulha de seus estudantes e de seus mestres vindos de muitos lugares da cristandade. Os grandes professores ali são considerados "senhores das leis".

Sendo difíceis as relações entre universidades e cidades, as universidades procuram, como as ordens religiosas, proteções distantes, papado ou Estado, para evitar a tutela muito próxima das cidades. No fundo, tem-se um pouco a mesma situação hoje, quando as universidades, não estando dispostas a se curvar aos desejos das coletividades locais, preferem ser ou empresas privadas, como nos Estados Unidos, ou estabelecimentos estatais, como é o caso na França, ou na Inglaterra, em Oxford.

Na Itália, por exemplo, houve uma "comunalização", parcial ou total, das universidades que, particularmente em Bolonha, assegurava uma remuneração a seus quadros. Mas, no conjunto, os universitários não tinham independência nem financeira nem ideológica. Assim, qualquer que tenha sido seu papel na história da instrução e do pensamento, eles se achavam, apesar de tudo, fortemente limitados pela sua subordinação à Igreja e a uma sociedade muito controlada. Na Idade Média, para se subtrair à tutela muito próxima das cidades, eles dispunham apenas da proteção do papado, aparentemente vantajosa porque distante. O papel do príncipe só poderá definir-se muito mais tarde, com a laicização e a Reforma.

Por razões evidentes, os universitários perderam sua autonomia. Primeiro, por motivos ideológicos: a Igreja não podia tolerar o livre-pensamento, ela devia controlar absolutamente o ensino nas universidades. De outro modo, os mestres não podiam obter meios de viver a não ser através da Igreja: aquilo que organizaram no início, a *collecta*, a "subscrição" junto aos estudantes, convinha apenas enquanto estes permanecessem pouco numerosos; a partir do momento em que verdadeiramente se teve um ensino de massa nas universidades, esses jovens – mesmo aqueles que vinham de uma família nobre – continuavam incapazes de poder pagar por seu ensino. Além disso, a cidade não estava disposta a pagar seus mestres, os quais de forma alguma dela derivavam: eles não eram leigos, mas letrados.

Isso não impede que tivesse curso um certo número de novidades, até mesmo pensamentos ousados. As universidades resistiram às intervenções dos príncipes e das cidades. Pádua, por exemplo, até o século XVI, foi um centro de difusão das ideias de Averróis, que julgaríamos muito avançadas, próximas do livre-pensamento. E, desde o século XIII, surgiu um *slogan* sobre o poder, afirmando que o verdadeiro poder, aquele que os juristas chamavam de *potestas* no direito romano, apresentava doravante três aspectos: *regnum*, a realeza, o governo, isto que chamamos de poder público; *sacerdotium*, os padres, o clero e... *studium*, o saber, isto é, a universidade. Se, em certos aspectos, os universitários não conseguiram ser autônomos, conseguiram finalmente impor seu prestígio. Quando, no interior da Igreja, se realizavam os concílios ecumênicos, as universidades eram representadas. Nos grandes concílios que puseram fim aos cismas entre vários papas, que despedaçaram a Igreja no fim do século XIV e, em parte, puderam anunciar o mundo moderno, isto é, os concílios de Constance e de Bâle, o papel dos universitários foi crucial. De outro modo, a universidade havia adquirido na cidade e no Estado um poder de opinião. Se havia conflitos internos na universidade, ela se reunia como corpo constituído, com o reitor à frente, para exercer uma espécie de *lobby* sobre o poder público, com chance de ser ouvida.

As cidades são forçadas a ouvir as opiniões, autorizadas, da universidade, mas sobretudo a ouvir sua vida, tonitruante.

É que os estudantes representam, na cidade, um corpo estranho e frequentemente encarado com hostilidade. Curiosamente, talvez sejam eles, entre os imigrantes vindos para a cidade dos quais você falava há pouco, os mais malquistos. Faz-se a eles a mesma censura que hoje se faz àqueles que vêm das periferias: perturbam a vida dos bons burgueses, dos bons cidadãos.

Eles não estão organizados em famílias, eles são violentos.

Sim, e fazem badernas, têm costumes que perturbam a paz das famílias. São portanto, em geral, malvistos. Na verdade, a atitude das cidades com respeito aos universitários, e sobretudo os estudantes, é ambígua ou, antes, ambivalente. De um lado, as cidades celebram suas universidades e seus universitários porque encontram nisso prestígio e mesmo lucros, mas, de outro, não se aplaca a hostilidade que se experimenta a seu respeito. Os estudantes constituem um mundo de jovens, e os jovens da Idade Média – talvez isto não tenha mudado tanto – são agitadores. Como se dizia nas abadias, eles tornam mais difíceis o consenso e o bom governo, que se buscava tão febrilmente tanto ontem como hoje. A inovação intelectual e social frequentemente andava de mãos dadas com a agitação, como em todos os setores do viveiro urbano.

A cidade em segurança,
os bens protegidos e o bem comum

A cidade em segurança, *os bens protegidos e o bem comum*

Os demônios tinham se apoderado do coração pervertido dos habitantes da cidade de Arezzo. São Francisco exorciza-os e expulsa-os para iniciar uma reconquista religiosa e moral a partir da Igreja e de sua ordem, estabelecidas diante da massa urbana. É a aparição de uma imagem inquietante da cidade.
Giotto, *Les diables expulsés d'Arezzo*. Afresco, 1290-1295. Assis, Basílica de São Francisco (igreja superior).

A cidade da Idade Média é um espaço fechado. A muralha a define. Penetra-se nela por portas e nela se caminha por ruas infernais que, felizmente, desembocam em praças paradisíacas. Ela é guarnecida de torres, torres das igrejas, das casas dos ricos e da muralha que a cerca. Lugar de cobiça, a cidade aspira à segurança. Seus habitantes fecham suas casas à chave, cuidadosamente, e o roubo é severamente reprimido. A cidade, bela e rica, é também fonte de idealização: a de uma convivência harmoniosa entre as classes. A misericórdia e a caridade se impõem como deveres que se exercem nos asilos, essas casas de pobres. O citadino deve ser melhor cristão que o camponês. Mas os doentes, como os leprosos que não podem mais trabalhar, causam medo, e essas estruturas de abrigo não demoram a tornar-se estruturas de aprisionamento, de exclusão. As ordens mendicantes denunciam as desigualdades provenientes dessa organização social urbana e desenvolvem um novo ideal: o bem comum. Mas elas não podem impedir a multiplicação dos marginais no fim da Idade Média.

A cidade em segurança, *os bens protegidos e o bem comum*

A necessidade de segurança é um valor comum na Idade Média?
Sim, de certo modo e sob formas variadas, segundo os lugares e a categoria social. Mesmo os homens identificados com a violência, os nobres guerreiros, procuram a segurança nas suas fortalezas. A partir do ano 1000, a Igreja incentiva um movimento de paz, de não violência, que responde sobretudo à aspiração das massas camponesas submetidas à violência feudal. Mas a segurança é, sobretudo, uma obsessão urbana, muito consciente e muito viva. A cidade é, com relação ao campo, à estrada e ao mar, um polo de atração de segurança.

... E que resulta em qual forma de policiamento?
No século IV antes da era cristã, optando por uma solução curiosa, Atenas apelara a arqueiros citas para garantir o policiamento na cidade, como nos Estados Unidos se apela a policiais negros. Paradoxalmente, confia-se o cuidado de fazer o policiamento a pessoas em certa medida menosprezadas. Satisfaz-se àquilo que se considera uma necessidade, a segurança, mas, ao mesmo tempo, essa função não parece muito honrosa: em Atenas, os citas são bárbaros. E, além do mais, munidos de uma arma ignóbil para os gregos: o arco. Uma arma da qual o cidadão não se serve. Acontece praticamente a mesma coisa na Idade Média. Será necessário esperar que certos grupos que se servem do arco obtenham uma promoção social, e sobretudo sucessos militares, para que os arqueiros se tornem pessoas mais ou menos respeitadas. É o que aconteceu na

Páginas seguintes.
À esquerda.
Atrás de suas muralhas, a cidade se arma pouco a pouco de uma força de segurança encarregada de velar pela tranquilidade de seus habitantes e de controlar os ataques externos. Muros e homens armados velam pela cidade.
A cidade de Palma. Nissart, *Retable de Saint Georges* (detalhe), século XVI. Palma de Maiorca, Museu da Catedral.

À direita.
A inversão do medo urbano: hoje, o medo do perigo está no interior da cidade e alguns bairros urbanos vivem sob forte vigilância.
Policial vigiando o bairro do Harlem, em Nova York. Fotografia, 1972.

Inglaterra: os arqueiros são inicialmente galeses. Ora, celtas bárbaros, galeses, irlandeses, essas pessoas não são veneradas. Mas são militarmente muito eficazes, e as vitórias inglesas em particular, obtidas nos campos de batalha graças aos arqueiros, vão institucionalizar esses guerreiros. Mas estamos nos distanciando da cidade...

E todos estão de acordo quanto àquilo que se deve defender?
Sim, com exceção dos marginais. Mesmo os pobres parecem ter uma preocupação quanto à segurança, ao menos para as pessoas.

Uma mesma hierarquia de crimes era estabelecida para todos? É preciso defender essencialmente duas coisas: as pessoas e os bens.
O que se combate, condena e julga severamente são, de um lado, a morte, os ferimentos e as agressões, mesmo que não resultem em morte, e, de outro, o roubo. O roubo era severamente reprimido na Idade Média, e particularmente nas cidades. Era um crime considerado muito mais grave e muito mais duramente punido do que o é na nossa época.

Hoje, estaríamos quase que mais preocupados com as incivilidades, os desentendimentos quotidianos aparentemente sem gravidade, as pequenas agressões, os pequenos atritos que não constituem importantes atentados à legalidade mas que estabelecem um clima de tensão.
O que é notável na Idade Média, e que reencontraremos mais tarde, existindo ainda em nosso Código Penal, é a defesa do domicílio, e sobretudo do

A cidade em segurança, *os bens protegidos e o bem comum*

A cidade em segurança, *os bens protegidos e o bem comum*

A cidade em segurança, *os bens protegidos e o bem comum*

Cofres e livros contábeis são instrumentos de trabalho desses banqueiros italianos que praticam o empréstimo na Idade Média.
Cena no interior de um banco. Iluminura extraída do *Traité des sept vies*, fim do século XIV (manuscrito Add. 27695, f.8). Londres, Biblioteca Britânica.

domicílio urbano. Existem ainda muitas casas de madeira, mas a casa tende a ser de pedra. Ela é o lugar onde se identifica uma família, ao passo que as casas camponesas não são absolutamente guardadas pelos mesmos sentimentos e os mesmos materiais. Arrombar uma casa, adentrá-la para roubar, e principalmente uma casa fechada, é algo grave. Tanto que na cidade os burgueses e os citadinos se trancam cuidadosamente à chave.

Estamos seguros disso, a casa é bem trancada?
Ah, sim!

E em que se vê isto? Nos molhos de chave representados nas pinturas, nos retratos?

Nas chaves que foram encontradas e nas fechaduras que, quando se trata de casas ricas, podem ser coisas extraordinárias: o museu da Fechadura, em Paris, é um museu apaixonante. Durante muito tempo, mesmo entre as pessoas ricas, poderosas, entre os senhores, encontra-se pouca mobília, geralmente uma mesa, cadeiras sem espaldas e o móvel essencial: o cofre. É nele que são guardadas a louça, as vestimentas etc., e eles são providos de chaves notáveis.

Eram os boatos que traziam notícias de roubos, de assaltos, de crimes... O sentimento de insegurança devia muito a eles.

Sem dúvida alguma. Se os citadinos da Idade Média, à noite, fecham as portas e, às vezes, põem correntes, é porque temem bandos rurais ou bandos de

vagabundos sobre os quais se diz que, de tempos em tempos, atacam as cidades. Em geral, não são ataques propriamente militares, organizados; simplesmente grupos de várias dezenas de pessoas entram na cidade, pilham e saqueiam. Na Itália, particularmente, formam-se bandos urbanos, partidos que não são políticos (mesmo que os guelfos, partidários do papa, e os gibelinos, partidários do imperador, apresentem uma organização que deles se aproxima), mas, antes, quadrilhas armadas, clãs que combatem entre si muitas vezes, e muito violentamente. É muito difícil para a cidade estabelecer um policiamento sobre esses bandos. Tanto mais que, com frequência, é um desses bandos que detém o poder. Consequentemente, se ele faz reinar a segurança, o faz em seu único proveito. Houve, em certos momentos, sobretudo na Itália, fenômenos que lembram um pouco isso que se vê nos *westerns*, em que o xerife e aqueles que detêm o poder político se revelam muitas vezes impotentes ou cúmplices.

Hoje, quando a polícia percebe que uma gangue de bairro decidiu enfrentar uma outra, a rixa pode ser evitada antes que ocorra. As forças de segurança, na Idade Média, podiam antecipar-se, pela prevenção e informação?

Sim, verdadeiros espiões das cidades mantinham-se informados na região, e nos ofícios, sobre os riscos que poderiam surgir. De outro modo, como, contrariamente àquilo que se acreditou durante muito tempo, o período medieval conheceu intensos deslocamentos e no qual a comunicação era muito ativa, estava-se em geral bem informado sobre riscos de violência, mesmo que os boatos muitas vezes os ampliassem. Em 1251, quando São Luís está no Oriente, na cruzada, bandos denominados pastorinhos – precisamente porque são compostos por jovens do campo – dirigem-se a Paris: eles passaram por Orléans, onde praticaram violências; conhecem-se mais ou menos seus avanços, sabe-se onde eles se encontram e tenta-se tomar medidas de segurança.

Tenta-se hoje organizar nas periferias – Martine Aubry faz isso em Lille, sob o nome de Lilíadas – campeonatos de futebol entre bandos de jovens para canalizar suas energias; isto se parece um pouco com o que havia em Veneza, quando um bairro enfrentava outro, nas justas, nos canais?

Talvez isso tivesse em parte essa função, mas não estamos informados sobre esse estado de espírito. Esses combates, que são em parte jogos, em parte combates sérios, regulam fenômenos de competição entre bairros. Como hoje acontece entre times de futebol. Trata-se, antes, de uma liberação, do que violência propriamente dita.

O hilotismo já existia. Em algumas cidades francesas, aliás, ele ainda se mantém de uma forma quase medieval: a confraria dos cavaleiros, em Roubaix, os agentes de bairro da dinastia Alduy, em Perpignan.

Cada ofício devia fornecer regularmente um contingente para a vigilância noturna, devia participar dessa defesa e da segurança da cidade.

A cidade em segurança, *os bens protegidos e o bem comum*

80 POR AMOR ÀS CIDADES

O debate contemporâneo apresenta três soluções: executa-se um policiamento próprio, por pequenos grupos de habitantes, de coproprietários, de condôminos? Ou, então, confia-se o policiamento à municipalidade? Ou, ainda, a um órgão do Estado que defende valores mais universais?

Parece-me que a autodefesa tem maior incidência na Idade Média, não deixando de existir para tanto os corpos constituídos no nível do reino e da cidade.

A questão dos transportes não se coloca como hoje. A questão da polícia, sim. Por quais outros caminhos se constrói a ideia de serviço do público – não digo: serviço público.

Pela ideia de misericórdia e de caridade. Um dever impõe-se a todos os cristãos e talvez mais particularmente aos citadinos, os quais vivem numa comunidade onde não faltam oportunidades de afirmar que todos os homens são irmãos. Desenvolve-se a construção de *hôtels-Dieu* ou de asilos; temos uma ideia também um pouco falsa em relação a isso, reduzimos em geral os *hôtels-Dieu* a hospitais. Não, trata-se de casas para pobres. Na Idade Média, o limite entre doença e pobreza é muito fluido: como não existe nenhuma seguridade social e, na cidade, não funcionam, salvo exceção, as solidariedades familiares que existem no campo, quem fica doente torna-se desempregado, torna-se pobre, e, a partir desse momento, revela-se a caridade. É uma caridade conjunta da Igreja e da cidade: os asilos são frequentemente construídos pelas municipalidades com o dinheiro da cidade, mesmo quando é a Igreja que lhes assegura o funcionamento.

Enquanto São Luís está preso no Egito, bandos de jovens camponeses marcham em direção a Paris com o objetivo de libertá-lo. O movimento degenera e os pastorinhos são exterminados em 1251: eles representam tudo aquilo que é estranho à cidade e que a ameaça: a rusticidade, o nomadismo, a desordem fanática.
A cruzada dos pastorinhos. Iluminura extraída de *Le livre des faiz Monseigneur Saint Louis*, século XVI. Paris, Biblioteca Nacional da França.

Alguns asilos serão muito reputados pela impressão de devoção que produzem, como aquele criado por São Luís em 1260 para os cegos, o hospital de Quinze-Vingts, cuja capacidade de abrigo (trezentos doentes) impressiona os contemporâneos.

Contudo, a passagem do gesto de amor, individual, ao gesto de assistência, delegado, organizado, é plena de consequências. Pouco a pouco as estruturas de albergaria, tornando-se mais poderosas, transformam-se em estruturas de aprisionamento.

De início, na Idade Média, não se sabe curar os doentes e, portanto, liberá-los. Não há médicos bastantes e com conhecimentos suficientes, não há equipamentos. Dois tipos de tratamentos fundamentais são desde logo realizados em quase todos os casos: de um lado, praticar a sangria, e, de outro, examinar as urinas. O exame das urinas, e o diagnóstico que dele resulta, mesmo vindo de pessoas que haviam adquirido alguma formação, é, segundo nossos critérios, um ato de charlatanismo. Mas isso é considerado, na Idade Média, um ato científico: o médico que examina as urinas é quase tão sábio quanto o astrólogo que lê o futuro nas estrelas. Assim, pela falta de conhecimentos suficientes do ponto de vista médico, não se sabe curar. Ficar doente é um desastre para o homem, a mulher ou a criança, e quase que inevitavelmente esse doente se torna pobre e dependente, quando escapa à morte. O desemprego propriamente dito quase não

A cidade em segurança, *os bens protegidos e o bem comum*

Páginas seguintes.
O desenvolvimento dos hospitais, instituições que tratam e acolhem os pobres, dissimula a ausência de solidariedades familiais na cidade.
Originalmente animados por um espírito de caridade, muitos se tornarão lugares de isolamento, como os leprosários. Constata-se a presença ostentatória dos grandes burgueses que financiam a instituição.
Domenico Di Bartolo, *Les soins aux blessés donnés à l'hôpital Santa Maria della Scala à Sienne*. Afresco, 1443. Siena, Hospital Santa Maria della Scala, Sala dos Peregrinos.

aparece antes do século XIV. É somente nessa época que ele se torna o resultado não apenas da doença, mas também de uma crise, mas como não se percebem os mecanismos econômicos, pensa-se que se trata de uma atitude, uma recusa de trabalhar e, portanto, um perigo. Os não trabalhadores de repente provocam medo. Assim, cada vez mais, constroem-se esses edifícios equívocos que, de certo modo, são obras de caridade, mas, ao mesmo tempo, lugares de aprisionamento, de exclusão. O mais espetacular é a proliferação das casas para leprosos. Tanto mais que isso coincide com a ideia de contágio que se reencontrará no século XVIII, e que já surgiu no século XIII, o que pode ser visto particularmente no modo pelo qual a cúria romana, o papa, os cardeais e seu círculo evitam as cidades, especialmente Roma, em época de malária. Com a peste negra, a partir de meados do século XIV, o medo do contágio torna-se então um pânico. Acredita-se também que a lepra é contagiosa e os leprosos são isolados em leprosários que se denominam "*maladreries*" – já que o termo "*ladre*", em francês antigo, quer dizer doença (*maladie*). Esses leprosários são postos sob a proteção de Maria Madalena; o bairro onde são construídos, frequentemente na periferia, chama-se o bairro de Madalena. É o caso de Lille, onde o nome subsiste, e de Paris: lembra-se da paróquia de Madalena, que se tornou tão chique?

No fundo, poderíamos aliar a história do desemprego a uma epidemiologia. É também quando o desemprego aparece como uma doença contagiosa que ele começa a inquietar.

É uma lição dos estudos do grande historiador polonês Bronislaw Geremek.

O senhor descreve desse modo as casas dos doentes, mas, e as casas dos pobres, aquelas que aparecem pela primeira vez nas cidades mais industrializadas, como Bruges, na Flandres, ou Florença, na Itália?

São sempre asilos. Não existem, propriamente falando, casas dos pobres. Elas apareceram somente depois da mutação das ideias relativas ao trabalho. Serão, no século XVII, as *work houses* inglesas onde os pobres vão trabalhar. O que manifesta uma forma de desprezo por essa atividade, que se torna a mais baixa quando é manual: esses trabalhadores pobres são condenados ao mesmo tempo que são explorados pela indústria nascente. Este é também um dos capítulos mais negros da história social da Europa e da história das cidades, mas posterior à Idade Média.

Criticava-se, evidentemente, o rei por querer se mostrar em vez de procurar aliviar de fato a miséria.

Sim, como se faz hoje. São Luís, no século XIII, empreende verdadeiras viagens de caridade através do domínio real, na Normandia, na Île-de-France, em Berry, na Champagne, verdadeiras viagens organizadas cujo fim é mostrar o rei ocupado com obras de misericórdia. Essa caridade real é exercida em dois lugares essenciais: nos *hôtels-Dieu*

A defesa, o assédio e a conquista das cidades têm um importante espaço na história militar. A reconquista de Tortosa em 1148. Iluminura extraída dos *Cantiques de Sainte Marie*, de Alfonso X, o Sábio, de Castela, século XIII. Madri, Biblioteca do Monastério do Escorial.

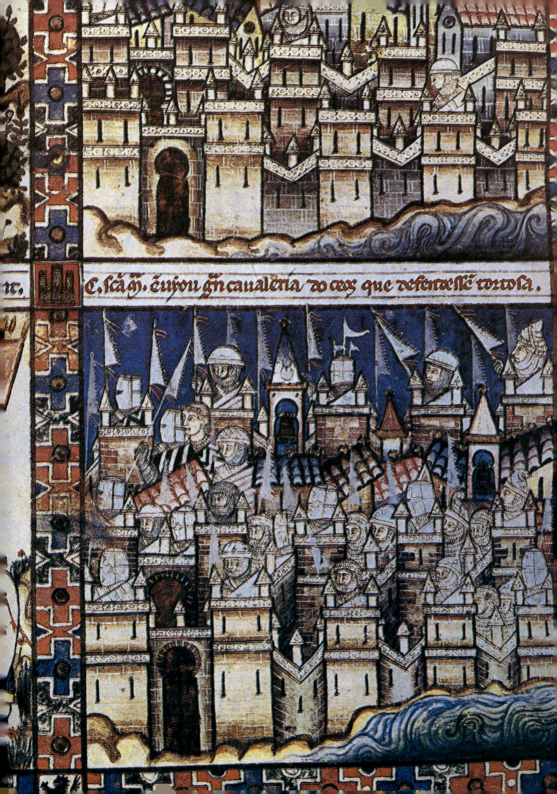
C. scā m̄. cuyou gn̄ caualeria do c[r]os que defendesse tortosa.

e nas cidades onde estes estão situados. Mas ele se utilizava do palco da estrada, onde era visto avançando solenemente, e do cenário da cidade para significar um certo tipo de sociabilidade, de relação entre os cidadãos, entre as categorias sociais, entre os poderosos e os pobres.

E ele utilizava para obter esse efeito as ordens mendicantes, como hoje os governos se apoiam sobre os médicos humanitários. A este propósito, o senhor não acha que existe no movimento ou, antes, na vocação humanitária algo como a nostalgia, o lamento das ordens mendicantes?

Não tinha pensado nisso, mas não é impossível: as obras de misericórdia foram um ponto essencial do apostolado das ordens mendicantes; os próprios religiosos dessas ordens, e os fiéis que os escutavam e seguiam seus conselhos, deviam praticá-las como algo fundamental para sua salvação. Sempre houve caridade na sociedade cristã desde que o cristianismo se difundiu. Mas um sistema de caridade, de obras de misericórdia, só aparece a partir do século XIII, com as ordens mendicantes para as quais a cidade é o teatro. Parece imperativo alimentar aqueles que têm fome, vestir os que estão nus, abrigar os que não têm casa. Vou levar mais adiante sua observação, muito justa; se há movimentos, instituições, que se podem ainda mais precisamente comparar aos nossos movimentos humanitários de hoje, estes são as ordens terceiras das ordens mendicantes: franciscanos, dominicanos e, particularmente na Itália, servitas e trinitários. É o desenvolvimento de uma espécie de terceiro-mundo que viu nascer esses movimentos e comoveu os soberanos, que se acreditaram obrigados a sustentá-los. Não há nada a não ser a visita às prisões, muito mais sistemática na Idade Média, que encontre um equivalente hoje. E ainda assim...

Os trinitários consagram-se à redenção dos prisioneiros transformados em escravos pelos muçulmanos. Mas, nas cidades cristãs, sobretudo na bacia mediterrânea, os citadinos também tinham como serviçais escravos não cristãos comprados em mercados especiais. Infelizmente, os estudos que existem sobre as prisões da Idade Média são limitados aos casos raros daquelas que conservaram arquivos. O país onde mais as encontramos é a Inglaterra, porque os arquivos, frequentemente bem conservados, das instituições judiciárias mais precoces e mais desenvolvidas que em outros lugares informam sobre os problemas ligados à prisão. A Inglaterra foi também um dos países em que a administração utilizou mais cedo a escrita.

De tudo isso que o senhor diz, sobressai a ideia de que o citadino tem muito mais responsabilidade cristã do que o camponês; que ele se acredita um cristão melhor; que, no fundo, se se mora na cidade, é porque se crê em Deus de um modo diferente, ou melhor.

Sim. Você sabe, o menosprezo ao camponês é grande no mundo medieval e, consequentemente, não se exige tanto dele, porque se acredita que seja pouco responsável e pouco capaz. O que dele se quer é que dê ao senhor e à Igreja aquilo que lhes deve, isto é, o dízimo, as rendas, e que não seja um criminoso, mas não se pede quase nada mais. Imagina-se que seus costumes são abomináveis e não se o concebe colaborando de verdade para o melhoramento de uma sociedade cristã.

Conservamos um texto extraordinário que data dos anos de 1260. O grande teólogo e pregador dominicano alemão, Alberto, o Grande, que ensinou em Colônia e em Paris, um homem típico da cristandade em suma, prega em Augsburgo, na Baviera, uma série de sermões durante uma semana, organizados em torno de um único tema, a cidade. Eles constituem um elogio da cidade, mas, ao mesmo tempo, fornecem uma definição daquilo que deve ser o ideal urbano. Alberto, o Grande, parte de uma frase de Cícero que já havia sido retomada por Santo Agostinho, e que mostra mais um ideal do que uma realidade: "Uma cidade não é constituída de pedras, mas de homens, de cidadãos". Note-se que é um dominicano que diz isso. Insisto em pensar e dizer que há uma Idade Média antes das ordens mendicantes e uma Idade Média depois dessas ordens. Ora, as ordens mendicantes são as cidades! Elas é que primeiro desenvolvem uma verdadeira imagem daquilo que deve ser a cidade, imagem de paz, de justiça, de segurança. Aquilo que não são sempre as ruelas sombrias, estreitas, sujas. Alberto, o Grande, compara as ruelas ao inferno, porém elas desembocam em praças que são o paraíso. O paraíso do claustro monástico foi transportado para o paraíso das praças urbanas. Uma imagem na qual, num primeiro momento, funciona o esquema ideal das obras de misericórdia que os citadinos devem cumprir. Depois, num segundo momento, realça-se uma teoria da cidade como no ensinamento de Alberto, o Grande, a cidade recupera também o ideal antigo do bem comum, mas o adapta às novas condições. O mundo feudal é uma pirâmide que tem, embaixo, o camponês, no alto, os senhores, e, no topo, o rei (pois este também faz parte do sistema feudal). A cidade, ou mais exatamente as pessoas que a encarnam, isto é, os burgueses, aqueles que têm o direito de burguesia, é uma sociedade de iguais e isso é uma revolução. Também é justo falar de revolução comunal, a despeito das reservas que provoca hoje essa expressão entre os historiadores. A sociedade "burguesa" é, ela também, vivamente desigual: os grandes contra os pequenos (os miúdos), os ricos contra os pobres, mas o modelo teórico burguês inicial é aquele dos homens iguais no direito. As cidades são, portanto, uma revolução, porque, como já se disse, sua aparência torna os homens livres e iguais, mesmo que a realidade, com frequência, permaneça longe do ideal.

Conseguiremos hoje reencontrar um tal ideal de comunidade urbana fraternal? A cidade medieval mais reformou do que na verdade reprimiu. À sua maneira, ela foi um primeiro ensaio para realizar o ideal "Liberdade, Igualdade, Fraternidade", mas foi preparada no modelo feudal da desigualdade, antidemocrático. A feudalidade diligentemente recuperou a cidade, que contudo conservou um certo caráter de quisto no tecido feudal.

O poder na cidade,

o ideal do bom governo

O poder na cidade, *o ideal do bom governo*

Um bispo santo, protetor da cidade de Perúgia, segura a imagem da cidade em suas mãos. Os bispos santos desempenham um papel de protetor das cidades muito tempo depois de terem deixado de dominá-las.
Meo de Siena. *La vieille cité moyenâgeuse de Pérouse* (detalhe), século XIV. Perúgia, Galeria Nacional da Úmbria.

Nascido da força e das aspirações dos mercadores e dos artesãos pela liberdade econômica e pela liberdade pura e simples, o movimento comunal – que prenuncia nossas municipalidades – arranca o poder aos senhores e consagra os burgueses. É na cidade que se passa da família ampliada à família nuclear, mas os grandes burgueses concebem um governo à imagem de seus clãs familiares. O "bom governo" tende a imitar o modelo do príncipe justo, num espaço mais restrito no qual se podem diversificar as experiências políticas, com a exceção da heresia. A cidade respeita a Igreja e com frequência se coloca a seu serviço. A injustiça, mais do que a corrupção, ao contrário de hoje, gera a indignação dos pobres e dos reformadores. As revoltas urbanas insurgem-se contra a tendência despótica do príncipe, coletor de impostos, e contra a dominação de algumas famílias que rompem o primitivo contrato comunal de igualdade.

A cidade misericordiosa com que sonham as ordens mendicantes do século XIII, antes dos humanitários e ecologistas do século XX, nasceu, apesar de tudo, de um choque violento que, certo ou errado, chamamos ainda de movimento comunal.

A violência da "revolução comunal" é uma resposta à violência feudal. Como lembrei, a cidade é inicialmente governada segundo um sistema que perpetua aquele da Antiguidade tardia e da alta Idade Média, acrescentando-se a isso o sistema feudal que se constitui desde o ano 1000, aproximadamente. Há um senhor na cidade, e esse senhor, com frequência, é o bispo, que, desde a dissolução do Império Romano, entre os séculos IV e VI, dispõe do poder, das riquezas e do prestígio. Depois da queda do Império, ofuscadas as grandes cidades, os bispos se instalam nas cidades tão logo estas adquiram uma certa importância. Em nossos dias ainda se vê, na Itália por exemplo, essa rede de bispos presentes nas pequenas cidades, ainda mais que as dioceses retomaram as fronteiras das divisões administrativas do Império Romano. Depois, quando aparece a feudalidade, um senhor vem a dominar cada região. Quer se estabeleça ou não, ele constrói, na cidade, um castelo, que aliás é mais um local de poder militar, de controle, do que de residência. Alguns castelos de condes urbanos podem ser muito poderosos. Penso particularmente em Gand, que fazia parte do reino da França na Idade Média, onde o castelo dos condes de Flandres é ainda hoje impressionante. Em seguida, produz-se o movimento de emancipação das cidades: o impulso é dado no fim do século XI, mas o século essencial é o XII. Os medievalistas de hoje não gostam mais de denominá-lo "movimento comunal". "Comunal", como "feudal" são adjetivos ambíguos: uma parte importante dos territórios não eram feudos, e são os juristas da época moderna que criaram a palavra e a ideia de feudalidade. O mesmo ocorre com o movimento comunal: a expressão é devida a historiadores e juristas do século XIX e aos românticos, porque quiseram ver nisso uma evolução quase democrática. Não foram todas as cidades que obtiveram um estatuto jurídico de comuna, uma "carta comunal".

É verdade que muitas vezes a passagem para um governo exercido pelos burgueses, porque é deles que se trata, fez-se de modo violento. Temos uma narrativa célebre da emancipação da cidade de Laon, no norte da França, no início do século XII. É uma enorme rebelião, uma revolta dirigida contra o bispo que é o senhor da cidade. A narrativa mostra o bispo fugindo dos rebelados, entrando no pátio de um prédio da cidade, escondendo-se dentro de um barril; ele é descoberto, arrastado para a rua, assassinado, cortam-lhe o dedo que levava o anel, tomado como símbolo não de sua função religiosa, mas de seu poder temporal, e seu corpo é transportado pela cidade exibindo-se o dedo com o anel. Outras vezes, as coisas se fazem de modo mais pacífico. Os burgueses, em todo caso, arrancam ao senhor da cidade, primeira-

O poder na cidade, *o ideal do bom governo*

Na Île-de-France, o poder dos primeiros capetos apoia-se em cidades importantes como Laon. Seus habitantes libertar-se-ão da tutela do bispo no curso de uma violenta revolta no século XII. O pintor representou a cidade "feudal" entre as fortalezas: montes e torres. Hugo Capeto faz que o bispo Asselin lhe passe as chaves da cidade de Laon. Ele depõe o último carolíngio.
Iluminura extraída das *Chroniques de Saint Denis*, de Jean Fouquet, século XV. Paris, Biblioteca Nacional da França.

mente, privilégios, depois, uma carta, isto é, um texto dando-lhes jurisdição sobre a cidade. Quem são essas pessoas e como se organizam? São os novos poderosos, os novos-ricos da cidade. Os que se põem mais em evidência são os comerciantes. O movimento dito comunal está estreitamente ligado à renovação do comércio. Em particular do comércio que tem grande raio de ação, aquele que se pratica entre a Europa do Norte e a do Sul, entre a Itália e as Flandres, por exemplo, ou na Alemanha; às vezes mais longe, no Mediterrâneo, até o mundo muçulmano. Isto posto, tende-se hoje a matizar a tese do grande historiador belga Henri Pirenne, que privilegiava por demais o papel pioneiro dos mercadores. Insiste-se agora na importância dos artesãos, isto é, das pessoas que também são ligadas a trocas econômicas, mas num círculo mais restrito: a cidade, sua periferia, da qual já falamos, sua região. O movimento, portanto, reúne um certo número de pessoas diversas que, tendo arrancado o poder aos senhores, conservam-no coletivamente e formam um grupo que toma o nome de burgueses, podendo também estes virem desses burgos, esses subúrbios que representam as novas formas de moradia e de organização da cidade.

A denominação "comuna" surge quando existe a outorga, pelo senhor, de uma carta de liberdades e de privilégios: ela consagra o reconhecimento de uma forma inédita de organização coletiva.

O poder na cidade, *o ideal do bom governo*

Como o rei quase não tem ainda como intervir durante o movimento comunal, os burgueses concebem um governo nos moldes de suas famílias.

O rei pode favorecer e sancionar a emergência de novos citadinos pela outorga de cartas de privilégios, de franquias. É considerável a influência do desenvolvimento urbano sobre a evolução das estruturas e dos comportamentos familiares. É na cidade que se passa da família ampliada, que é o tipo de família do campo e da feudalidade, em que vivem juntos os filhos, os parentes, diversas gerações, em suma, à família nuclear – os pais e filhos apenas. Os historiadores da demografia matizam um pouco esse esquema mas ele permanece *grosso modo* exato.

Assim, a partir dos séculos XII-XIII, desenvolve-se na arte cristã o tema da Sagrada Família. O Natal era essencialmente o nascimento de Jesus; a Virgem, São José, o burrico e a vaca, e, secundariamente, os pastores, os reis magos como figurantes. A Sagrada Família é uma verdadeira família: o pai, a mãe e o filho, cujo Natal é representado como um nascimento de criança numa família nuclear, sendo esta particularmente bem destacada no tema da fuga do Egito.

Como nos quadros, as casas urbanas, salvo aquelas dos grandes nobres, são feitas para famílias nucleares. Em Florença, no século XIV, o patriciato florentino, aquele dos ricos mercadores e artesãos, constrói os HLM na periferia da cidade. É um fenômeno muito interessante e que foi muito bem estudado por um jovem historiador italiano, Alessandro Stella. Esses HLMs também são concebidos para uma família reduzida que na cidade se considera a base, a célula.

Atualmente, imóveis para apenas uma pessoa e celibatários em geral são uma maioria, pelo menos nas capitais.

Por um longo período, não há lobo solitário na Idade Média, o celibatário é excluído da sociedade medieval. Com efeito, excetuando-se os clérigos, os celibatários são muito pouco numerosos, eles são suspeitos. Eles normalmente devem juntar-se à Igreja. O celibatário leigo tem uma vida muito difícil e é malvisto, por isso são poucos.

Também o bom governo de uma cidade pode se definir mais facilmente que hoje. Ele dispõe de um modelo familiar simples, não tem de congregar os interesses contrários de famílias numerosas, de famílias limitadas, de meros celibatários e de solitários radicais, como nas municipalidades de hoje.

Ah, o bom governo! Esse é um tema fundamental de ideologia política, sobretudo a partir do momento em que se difundiram as ideias aristotélicas entre as pessoas mais cultas e entre os clérigos. Constituiu-se uma oposição entre o bom e o mau governo, registrada por uma obra-prima como o

O poder na cidade, *o ideal do bom governo*

A difusão do tema da Sagrada Família é contemporânea das transformações da estrutura familiar na cidade. A família nuclear, limitada ao casal e seus filhos, prevalece sobre a família ampliada. A fuga do Egito. Iluminura de Jacquemart de Hesdin extraída das *Très belles heures du duc de Berry*, cerca de 1400 (manuscrito 11060). Bruxelas, Biblioteca Real Alberto I.

afresco do palácio comunal de Siena, que data do século XIV. Aqui, é preciso inserir, além do modelo da família harmoniosa, aquele do príncipe justo, que cada vez ganha mais força. O bom governo tende essencialmente a imitar aquilo que é o governo do rei ou do príncipe, mas num espaço diferente. As duas grandes palavras de ordem são: a paz e a justiça. A paz consiste em evitar as discórdias, evitar que se formem esses agrupamentos de famílias que às vezes tomam quase a dimensão de gangues, e também fazer reinar a segurança. A justiça é fundamentalmente a ordenação de uma tributação justa, isto é, que pese de modo proporcional aos recursos dos citadinos e que não seja demasiado dura para os mais pobres. O bom governo é também aquele que faz reinar a religião, isto é, que permite à Igreja exercer seu apostolado. O governo comunal é laico, mas, como os soberanos se tornam o braço secular da Igreja, ele deve colocar-se a serviço desta a fim de que não haja heréticos na cidade e de que nela se propaguem a fé e a devoção. O bom governo, enfim, deve fazer funcionar instituições relativamente democráticas, relativamente igualitárias. É preciso essencialmente evitar que haja um citadino ou uma família que se sobressaia aos outros, que confisque os poderes e que se torne um tirano urbano. A cidade medieval foi, mais do que hoje, um campo de experiências sociais e políticas.

O poder na cidade, *o ideal do bom governo*

O que se sabe dos movimentos de insatisfação dos habitantes e, quando ocorrem, o que reivindicam?

O século XIV, em particular, é, em toda a cristandade, um período de revoltas urbanas. Elas acontecem em Castela, na Inglaterra, na Itália e na França, sobretudo em Paris. Uma delas nos é particularmente conhecida. Ocorre sob o reino de Jean II, o Bom, aquela cujo chefe foi, em certa medida, o preboste dos mercadores, Étienne Marcel, no qual vemos um personagem diferente, quase que o oposto do tirano urbano. Étienne Marcel é o burguês rico, é o patrício que se põe a serviço da igualdade: parece que foi exatamente esse o caso e que sua imagem não foi demasiadamente idealizada pelos democratas do século XIX. Em 1413, uma nova revolta parisiense, no tempo do rei louco, Carlos VI, levou ao decreto mais radicalmente revolucionário, dito cabochiano, derivado do nome do açougueiro Caboche, que espalhara a violência com seus companheiros açougueiros, gente muito desprezada. Mas os verdadeiros chefes do movimento tinham um plano de tomada de poder que combinava os interesses do partido borguinhão com ideias mais "democráticas". A revolta é novamente esmagada, desta vez pelos nobres Armagnacs. É na cidade que se esboça, na Idade Média, a ideia igualitária, e não nos Estados que estão construindo uma centralização que iria engolir a independência da cidade. Há uma enorme revolta dos trabalhadores têxteis em Florença, em 1378, a revolta

O poder na cidade, *o ideal do bom governo*

Páginas seguintes.
Trabalho e jogos, riqueza e beleza, harmonia e bem-estar da comunidade: é o ideal do bom governo urbano, pelo príncipe.
Ambrogio Lorenzetti, *Effets du bon gouvernement dans la ville*, 1337-1339 (vista geral). Siena, Palácio Público.

dos Ciompi; há revoltas na Inglaterra que se combinam com revoltas no campo. Pessoas instruídas, monges ou padres, alguns "reacionários", outros "progressistas", informam-nos sobre esses movimentos urbanos. Alguns os descrevem como calamidades; outros, ao contrário, advogam em seu favor. Tentativas ambíguas são feitas por alguns grandes burgueses ou nobres ambiciosos ou "democratas" que confundem frequentemente seu interesse e o do povo. Lembram alguns prefeitos de grandes cidades de hoje, no que têm de melhor ou pior.

Étienne Marcel é um dos principais representantes da rica burguesia comerciante parisiense nos estados gerais que a monarquia, a quem falta dinheiro, deve convocar em 1355, e sobretudo em 1356, depois do desastre militar de Poitiers contra os ingleses. Essa oposição impõe ao delfim regente o grande decreto de 1357, que exige o controle dos impostos reais pelos Estados, a destituição dos conselheiros reais e a instauração de um conselho para controlar o delfim. Diante da resistência deste último, Étienne Marcel incita uma sublevação dos parisienses, que assassinam dois conselheiros do delfim. Tornando-se senhor de Paris, Étienne Marcel, reformador que se torna revolucionário sem o querer, é desacreditado pelos pseudoaliados, o bispo de Laon, Roberto Le Coq e o rei de Navarra, Carlos, o Mau, que conspiram com os ingleses, e por causa de uma aliança que pretendeu firmar com os camponeses revoltados, os Jacques. A província não

o acompanha. Uma parte da burguesia parisiense o abandona e trama seu assassinato em 1358.

Esses movimentos protestam contra uma espécie de retorno insidioso da feudalidade?

Sim, eles protestam contra uma evolução que combina a influência de dois poderes de origem distinta, mas que com frequência se encontram. Um deles é o poder do príncipe ou do rei. É o rei que quer reduzir a cidade à obediência de todos seus súditos e que não reconhece os privilégios, as isenções das cidades. E o outro, é a promoção de certas famílias no interior da cidade, que rompem o primitivo contrato comunal de igualdade. A massa majoritária e pobre da população exprime então sua hostilidade por intermédio de um patrício que se coloca a seu serviço por razões evidentemente confusas: assim, na metade do século XIII, em Liège, foi um patrício, Henri de Dinant, que encabeçou o movimento contra o príncipe-bispo.

Eu imagino, e falo com base na experiência do fim do século XX, que quanto mais forte é a aspiração igualitária, maior é o desejo de um poder próximo, mais vivo é o protesto erguido contra a corrupção.

Sim, talvez não seja a corrupção, propriamente dita, que constitua a palavra de ordem da revolta. É a injustiça, e particularmente aquela da política fiscal, ou, na Itália, da usura. O que é apenas secundário atualmente em nossas cidades, mas que, ainda assim, nelas aparece.

O senhor acha que a corrupção é uma questão de representação, que se lhe dá importância não por causa da maneira pela qual se propaga matematicamente, mas em nome de uma aspiração positiva a um mundo que não fosse afetado por ela?

É difícil de dizer. A corrupção engoliu a sociedade medieval e mais ainda a sociedade do Renascimento e do Antigo Regime. Vemos surgir o tema de um modo um pouco assustador na França, sob o reinado de São Luís, e por sua vontade. São Luís quer lutar contra essa corrupção e, com efeito, ele mesmo fala de "agentes reais corrompidos", designando, por exemplo, os bailios e senescais, que são representantes do poder central, isto é, do rei, e que tiram proveito de seu poder para ganhar presentes, para extorquir dinheiro em troca da concessão deste favor ou daquele privilégio a um habitante da cidade. Quando São Luís parte para a cruzada, em 1247, envia para todo o reino inquiridores – normalmente religiosos mendicantes – para levantar os casos de injustiça atribuídos àqueles a que hoje chamaríamos funcionários públicos, oficiais do rei, e aplica a justiça num grande número de casos, no campo, mas sobretudo nas cidades. Os relatórios desses inquiridores não foram suficientemente explorados pelos historiadores, mas deve-se admitir que, na Idade Média, não mais que a intolerância, a corrupção não parece provocar particular indignação. Ela parece antes considerada uma espécie de manifestação, no funcionamento da sociedade, do pecado original. A corrupção parece um mal estrutural e não parece tão vinculada a esta ou àquela pessoa. Haverá personagens mais injustos do que outros; porém, mais corrompidos, nem tanto. Os poderosos são levados ao cadafalso mais pela revolta contra o príncipe, impiedade contra Deus, do que por desonestidade e injustiça em relação ao povo urbano.

Os habitantes da cidade medieval, o senhor diz, aspiram à justiça. Tem-se a impressão de que os habitantes da cidade contemporânea aspiram antes à injustiça. Eles querem, em primeiro lugar, não ser incomodados por um vizinho diferente e perturbador, que o morador do centro da cidade teria tendência a rechaçar para mais longe e que, o do subúrbio, por sua vez, privilegiado afastaria para uma periferia mais ingrata, como uma carta de baralho que se passa de mão em mão. Há uma representação da cidade radicalmente distinta entre a época contemporânea e a época medieval?

Realmente não. Há bairros pobres, há bairros ricos e prestigiados, há bairros modestos. É um zoneamento, diríamos hoje, assinalado pelas diferenças nos preços dos terrenos. É mais ou menos como hoje, quando o metro quadrado custa tanto no VI distrito de Paris, e outro tanto no XIX. Simplesmente, o que está em jogo ali é um parâmetro, e não vários, como hoje: quanto mais próximos do centro, mais caros são os terrenos; é isso. Alguns centros secundários desempenham igualmente um papel de acelerador dos preços: quanto maior a proximidade de certos conventos de prestigiadas ordens mendicantes, mais altos serão.

Existe uma regulamentação quanto ao controle do terreno, de restrição fundiária, como se diria hoje?

Não. Às vezes são tomadas medidas para que sejam restituídos ao conjunto da população terrenos comunais que haviam sido confiscados por um estabelecimento, em geral religioso, ou por uma família rica. No mais, funciona a lei do mercado. Temos, também, nesse caso, uma ideia falsa da Idade Média, que pensamos ser extremamente regulamentada. Isso não é verdade. Aliás, os grandes escolásticos o disseram, quase todos estudaram isso que chamaríamos de problemas econômicos; eles definiram uma noção, a de preço justo. Essa noção foi elaborada essencialmente com base naquilo que se passa na cidade. O *justum pretium* é o *pretium in mercato*, o preço de mercado. A Igreja abdicou diante do mercado.

Como o príncipe reaparece no jogo de poder da cidade, onde o julgam indesejável? Criando ele próprio as cidades. Isso aconteceu muitas vezes na Idade Média, na França por exemplo, com as novas fortificações (bastides), Lille, Montpellier ou La Rochelle.

Sim, e, nesse caso, em geral ele impõe à cidade a forma mais adequada a duas de suas preocupações, uma de ordem militar, a outra de ordem estético-ideológica. O traçado da cidade deve favorecer uma boa defesa, daí a construção de muralhas, a utilização da pedra etc. De outro modo, a cidade deve corresponder a uma imagem simbólica, uma imagem de ordem. Dois tipos de traçado dominam o urbanismo desde a Antiguidade: aquele

O poder na cidade, *o ideal do bom governo*

O poder na cidade, *o ideal do bom governo*

Uma das prerrogativas do poder do príncipe sobre a cidade é a cobrança do imposto. Contrariamente àquilo que se pratica no campo, sua repartição deve levar em conta as capacidades financeiras de cada um. A cidade cobra também seus impostos, em geral sem respeitar a justiça. Anúncio da cobrança de impostos (manuscrito 9242, f.274 v.). Bruxelas, Biblioteca Real Alberto I.

em xadrez, com as ruas que se cortam em ângulo reto, atribuído a Milet, e o circular. Os arquitetos do Renascimento acrescentarão outras concepções de cidades, como aquela em estrela, militarmente bem protegida, com muitos ângulos mortos inatingíveis ao assediante, uma cidade de onde se pode atirar de muitos ângulos; é também, com toda a evidência, um conceito simbólico: a estrela implica uma ideia de ordenamento. Contudo, se ele quer atrair para sua nova cidade – que como as outras será necessariamente uma aglomeração de especialistas – verdadeiros profissionais, e em particular comerciantes e artesãos, o soberano deve igualmente assegurar franquias, conceder privilégios. Ele esbarra constantemente nessa crença de que o ar da cidade liberta.

Pelo menos quando os poderes locais não conseguem estabelecer a ordem necessária, ele pode intervir por meio de regulamentações?

Sim, os regulamentos de higiene e urbanismo multiplicam-se nas cidades, a partir do século XII. Em Paris, a capital, é sobretudo o rei que toma iniciativas, às vezes sob o pretexto de um caso banal que o tocou pessoalmente. Por volta de 1130, o primogênito do rei Luís VI, um rapaz de quinze anos, morre em consequência de uma queda de cavalo, porque um porco perdido fez a montaria tropeçar numa ruela parisiense. O rei, desolado, proíbe que animais perambulem pela cidade. Perto de 1200, Filipe Augusto, saindo de seu palácio da Cité, num dia chuvoso, atola na rua. Ele manda pavimentar uma parte das ruas de Paris. O senso crescente de ordem e de limpeza, visível no espaço urbano, estranho ao campo, faz progredir o urbanismo.

O príncipe torna-se intervencionista. A partir de quando e como ele passa a cuidar não apenas da comodidade, mas também da beleza das cidades?

Creio que a conversão ao urbanismo se dá no século XII, não apenas para fazer desaparecer as contrariedades materiais como aquelas que acabo de lembrar, mas ainda sob influência da arte gótica nascente e do pensamento escolástico em desenvolvimento. Na França, é no século XII, período em que o abade de Saint-Denis, Suger, administra o reino para Luís VI e Luís VII e consagra a arte gótica na construção da nova igreja da abadia de Saint-Denis. A inovação é notável e se propagará em quase toda a rede das igrejas do campo. Do mesmo modo que na Itália, o campanário de Veneza é imitado ao longe, nos campos do Vêneto e da Lombardia. A arte gótica e a escolástica das novas escolas urbanas estabelecem, como norma de urbanismo, ordem e luz, matemática e razão, cor e verticalidade. Depois do urbanismo das praças principescas do Antigo Regime, a cidade neoclássica, depois a cidade haussmanniana e, hoje, a arquitetura moderna das grandes obras retomarão, da cidade medieval, esta inspiração inovadora. Esse urbanismo é a beleza inventada às vezes com base nos modelos antigos (Roma), mais frequentemente nos novos modelos "bárbaros" (é isso que quer dizer gótico). A Idade Média não sente a beleza da natureza, ela cria a beleza artística urbana.

O orgulho da cidade,

urbanismo e invenção da beleza

Sede do papado no século XIV, Avignon reúne o palácio dos papas, uma profusão de igrejas e a ponte Saint-Bénezet sobre o Reno, chamada de "Ponte de Avignon". A muralha separa a cidade, lugar de civilização luminosa, e o campo, lugar de rusticidade tenebrosa. O autor Pierre Salmon, a caminho da cidade papal de Avignon. Iluminura extraída de *Réponse à Charles VI et lamentation au Roi sur son état*, de Pierre Salmon, 1409. Paris, Biblioteca Nacional da França.

Em que sentido a cidade é sinônimo de sociabilidade, embora tenha se tornado hoje sinônimo de individualismo e de anonimato? A Idade Média opõe a cidade, lugar de civilização, ao campo, lugar de rusticidade. E, num mesmo movimento, afirma sua altivez num desejo de construir em direção ao céu, uma verticalidade expressa pelas torres medievais de San Gimignano, na Itália, tal como as de Manhattan, hoje. A Idade Média criou a beleza artística urbana, dando origem a um novo urbanismo. Mas a cidade também tem suas tenebrosas profundezas. À sua verticalidade opõem-se as cavernas do lucro, do vício e do demônio. Em nome de um ideal religioso, a crítica da cidade avoluma-se, desde São Martinho até alguns franciscanos do século XIV. Frequentemente representada em transformação, a cidade da Idade Média não tem a nossa preocupação para com a conservação, ela demonstra um belo otimismo. O orgulho urbano é feito da imbricação entre a cidade real e a cidade imaginada, sonhada por seus habitantes e por aqueles que a trazem à luz, detentores de poder e artistas.

O orgulho da cidade, *urbanismo e invenção da beleza*

A Idade Média é orgulhosa de suas cidades. Os burgueses conseguem conservar seu poder sobre elas. Os soberanos sonham nelas imprimir sua marca. Os pobres nelas se sentem em maior segurança do que em outro lugar... Imagino que os sermões dos monges mendicantes não são os únicos a consagrar esta reapresentação positiva das cidades.

Os testamentos dos mortos o expressam do mesmo modo, revelando os altos preços dos terrenos e dos imóveis construídos ao abrigo das muralhas. As correspondências dos vivos também o dizem. Os estudantes deixam para trás os modelos de cartas que gabam as belezas e prazeres da cidade para concluir – é o reverso da medalha urbana – com um pedido de fundos que familiarmente se poderia traduzir assim: "Meu querido papai, a vida que levo aqui é muito instrutiva, mas eu não tenho mais um centavo, seria ótimo se você provasse que ainda me ama". Conservamos até mesmo o vestígio de verdadeiras campanhas de publicidade. Por exemplo, quando foi fundada a universidade de Toulouse, pediu-se a um mestre para redigir um convite que visava sobretudo, é verdade, o ambiente dos mestres e estudantes. Essa universidade foi criada a pedido do papado para combater a heresia depois da cruzada dos albigenses, em 1229. Confiou-se a redação desse texto a um célebre mestre universitário da época, John Garlande, um inglês que tinha lecionado sobretudo em Paris (ele deu seu nome à rua Galande, no Quartier Latin). É muito interessante notar aquilo que, segundo Garlande, poderia atrair as pessoas para uma cidade. Lá o ar

Roma encarna a urbanidade, e a Idade Média herda o menosprezo do campo diante daquilo que caracteriza a cidade: sua atividade cultural e seus monumentos, nos quais as igrejas substituíram os templos. Vista de Roma. Cimabue, *Les Quatre Évangélistes* (detalhe: São Marcos, Itália). Afresco, cerca de 1280. Assis, Basílica de São Francisco.

O orgulho da cidade, *urbanismo e invenção da beleza*

O orgulho da cidade, *urbanismo e invenção da beleza*

Este quadro é a primeira representação conhecida de paisagem urbana: é uma Manhattan do século XIV. Ambrogio Lorenzetti, *La cité*, 1346. Siena, Pinacoteca Nacional.

O orgulho da cidade, *urbanismo e invenção da beleza*

Nova York e a estética urbana da verticalidade sempre inspiram os pintores do século XX.
Rainer Fetting, *Vue sud de Manhattan* (Nova York), 1989. Coleção do pintor.

seria mais puro: percebe-se, desse modo, que no século XIII as pessoas estão cada vez mais preocupadas com a higiene, e mesmo com a poluição – é a partir do início do século XIII que os papas vão passar o verão fora de Roma. Garlande diz também que a água corre em abundância, graças sobretudo ao rio Garonne; que há mercados constantemente abastecidos, e acrescenta coisas inesperadas num texto de um universitário do início do século XIII: as toulousianas seriam mulheres formosas, dando mesmo a entender que algumas delas não são demasiadamente ariscas. Em suma, Toulouse é uma cidade que oferece diversão, uma cidade agradável, um lugar de sociabilidade.

É a sociabilidade, o prazer de estar com o outro, que estabelece em definitivo a diferença urbana, a urbanidade.

Se remontamos à Antiguidade, é em Roma, sobretudo, que se cria, do ponto de vista cultural, do ponto de vista dos costumes, uma oposição muito forte entre a cidade e o campo. E é aí que começa a aparecer um vocabulário que vai ser reforçado precisamente na Idade Média. Os termos relacionados à cidade denotam a educação, a cultura, os bons costumes, a elegância: urbanidade vem do latim *urbs*; polidez, da *polis* grega. A Idade Média herda da Antiguidade latina, e reforça, esse menosprezo pelo campo, sede do bárbaro, do rústico. Os camponeses são rudes. No limite, até mesmo os senhores o são, ao preferirem o campo, como no Norte da França, por exemplo. Além disso, a Idade

Média acrescenta a essa oposição cidade-campo um terceiro termo: a floresta. O lugar mais selvagem é a floresta. O campo, onde é habitado, onde é valorizado, permanece, em certo sentido, um reflexo da cidade que, aliás, o domina, em particular economicamente, ao passo que a floresta é irredutível. E isso é verdadeiro, tanto positiva quanto negativamente. Negativamente, por ser o lugar real, mas também simbólico, dos bandidos: é atravessando a floresta que se tem mais chance de ser assaltado por ladrões; pensemos na lenda de Robin Hood, bandido "social", defensor da justiça, aliás. É também o lugar da solidão. A floresta é o equivalente, no Ocidente, do deserto no mundo oriental, e os monges que desejam viver em penitência dirigem-se para a floresta. O cristianismo medieval oscila entre esse polo de radicalidade solitária e um polo de civilização, a cidade. Porque a atividade mais inovadora, criativa, da cidade medieval, é, durante muito tempo, sua função cultural: escola, arte, teatro, urbanismo; é na cidade e da cidade que eles se irradiam. Essa função cultural, hoje disputada pelos lugares extraurbanos, foi a cidade que exerceu, até agora, desde a Idade Média.

Como a pintura, amplamente controlada a partir do século XIII pelas ordens mendicantes que escolheram a cidade, a representa?

Pelo imaginário, normalmente. Pinta-se uma Jerusalém ou uma Roma ornamentada com a simbologia mais positiva. Penso no afresco de Cimabue, no

O orgulho da cidade, *urbanismo e invenção da beleza*

As torres de São Gimignano dominam o campo da Toscana, exaltando o poder do patriciato urbano que se afirma nessa estética da verticalidade. Vista de São Gimignano, Toscana, na Itália. Fotografia, 1990.

A cidade do século XX desafia o céu, não mais num impulso em direção a Deus, mas numa afirmação do homem. O Empire State Building, em Nova York. Fotografia, 1939.

O orgulho da cidade, *urbanismo e invenção da beleza*

transepto da basílica alta de Assis, com a soberba representação das cidades acompanhando os quatro evangelistas. A primeira verdadeira paisagem urbana inspirada pelo motivo da cidade que se tem é um pequeno quadro de Ambrogio Lorenzetti, datado de 1346 e que se encontra na Pinacoteca de Siena.

Pessoalmente, gostaria que se fizesse um estudo para verificar se se trata de um quadro independente ou de um fragmento recortado de um quadro mais amplo, mas, de qualquer modo, é o retrato emblemático de uma cidade. Conservamos poucos traçados de cidades medievais. Restam registros não de traçados propriamente ditos, mas anotações que tiveram uma utilidade, fiscal entre outras: servem para recuperar os proprietários dos lotes urbanos. Mais do que o traçado, o que se desenvolverá no século XV é a *veduta*, isto é, a vista, o panorama urbano. Temos algumas célebres. Muitas representam cidades germânicas, Bale, Colônia etc. Temos também um extraordinário armorial – porque as cidades têm armas, brasões: é uma coleção dos brasões das cidades de Auvergne. Cada imagem contém não apenas a representação das armas da cidade, mas também uma vista da cidade.

Trata-se de uma dificuldade em dominar a perspectiva?
A imagem que a Idade Média dá de suas cidades é normalmente estendida para o alto.

Eu não gostaria de fazer uma má história das sensibilidades, mas o orgulho urbano medieval expri-

O orgulho da cidade, *urbanismo e invenção da beleza*

Páginas seguintes.
A cidade de Jerusalém – que os ocidentais da Idade Média concebem mais no seu imaginário mítico do que segundo a realidade descoberta durante as cruzadas – encarna o ideal da "boa cidade" em oposição ao mito da "má" Babilônia.
Escola holandesa, a partir de original perdido de Jan Van Eycks, *La croisade* (detalhe: vista da cidade de Jerusalém), cerca de 1530. Budapeste, Museu de Belas-Artes.

me-se nesse desejo de subir, de construir em direção ao céu. Na Antiguidade, a orientação fundamental do espaço valorizado definia-se entre a direita e a esquerda. A valorização era ir para a direita. Na Idade Média, o eixo de orientação valorizado vai do baixo ao alto. Cheguei a dizer e mesmo escrever que a cidade medieval ideal, justamente enquanto imagem, tal qual nós a vemos, aliás, mais na pintura do que na realidade (ainda que a realidade tendesse a encontrar esse imaginário), é Manhattan. Essa tendência deve-se um pouco à falta de terreno – tanto mais que a construção das muralhas chega a limitá-lo –, mas, antes de tudo, ao prestígio, à simbologia. As famílias ricas, sobretudo nas cidades onde a nobreza se instalou, procuram ter uma torre mais alta do que aquela de uma família rival. Enfim, San Gimignano prefigura Manhattan, a qual realiza uma das formas mais poderosas da imaginação medieval: a verticalidade.

A cidade hoje cresceu em altura, mas pensa-se pouco no fato de que ela também cavou muito fundo. Uma cidade suíça do ano 2000 pode assemelhar-se na superfície a uma cidade da época da nascente Confederação, mas, embaixo, estão alojados andares e andares de cofres-fortes!

Não se deixe enganar. Nos lugares onde a geologia permitia, os citadinos da Idade Média eram atraídos pela criação de cidades subterrâneas. Paris era construída sobre a exploração e a escavação de jazidas de gipsita (gesso) e de cogumeleiras. No início do século XIV, as pessoas mais tributadas de

Paris – provavelmente, portanto, as mais ricas –, aquelas que pagavam, sob Filipe, o Belo, os impostos mais altos, eram proprietárias de jazidas de gesso subterrâneas. E essas pedreiras medievais ainda podem ser encontradas – é o que me contaram os agentes da RATP (Régie Autonome des Transports Parisiens) com os quais trabalhei – e podem ser vistas nas catacumbas. Veja também Perúgia, na Itália.

Hoje, uma imensa escada rolante parte da plataforma dos ônibus, embaixo da cidade, até o alto, atravessando os subterrâneos. É espetacular, e observe que nesses subterrâneos exerciam-se ocupações medievais: não apenas do tipo troglodita, já que num certo trecho se conserva uma capela. Onde era possível, a Idade Média manifestou seu senso de apropriação subterrânea da cidade. Mas não, evidentemente, à maneira do Extremo Oriente, onde os jardins, por exemplo, remetem, na superfície da terra, a um universo cósmico dissimulado.

Na Idade Média ocidental, adegas e armazéns subterrâneos figuravam, antes, o inferno.

Pois é! Vemo-nos diante da ambiguidade de certas representações da cidade. Depois da basílica alta de Assis e Cimabue, a basílica alta com os afrescos de Giotto: se ali São Francisco persegue os demônios de Arezzo, é porque a cidade pode também ser um dos lugares preferidos do demônio e de seus sequazes.

O orgulho da cidade, *urbanismo e invenção da beleza*

Ela pode ser Sodoma e Gomorra...
... a cidade má que Deus destruiu quando seus habitantes pecaram para além do que era tolerável. O imaginário urbano medieval movimenta-se entre a imagem de Jerusalém, a "boa" cidade, e a de Babilônia, a "má".

Bizâncio, semelhantemente, pode ser descrita como chafurdando na indolência e no estupro.
Sim, segundo um duplo mecanismo de admiração e repulsa. Vemos que, quando os combatentes da quarta cruzada, em 1204, se entregam a uma feroz pilhagem em Constantinopla, eles descobrem uma cidade sem igual no Ocidente. É provável ainda que fosse uma cidade de um milhão de habitantes em 1204, ao passo que as grandes cidades (Florença, Veneza, Milão) têm cem mil habitantes, no máximo, se não considerarmos a exceção parisiense, aliás bem inferior, com seus duzentos mil habitantes, a Constantinopla. Há ouro e riquezas propriamente medievais que são as relíquias. Além disso, há a louça, as sedas... é algo verdadeiramente vertiginoso para esses guerreiros, vindos dentre camponeses ou de habitantes de cidades ainda modestas.

Esses saques de cidades, tal como ocorrem de tempos em tempos, são comparáveis à guerra que nos meados da década de 1990 os camponeses sérvios da Bósnia travaram contra Sarajevo, bombardeando-a de suas montanhas, acusando-a de todos os males.
Não exatamente. A Idade Média não dispunha do aparato mental que lhe teria permitido medir a

O ideal de pobreza dos frades mendicantes guia os fiéis para a salvação e suscita uma viva crítica contra a especulação dos terrenos urbanos e a prática desenfreada da usura. Sano di Pietro, *Prêche de Saint Bernardin sur la place San Francesco*, século XV. Siena, Duomo.

exploração econômica da cidade sobre o campo. As próprias "jacqueries" (revoltas camponesas), que podiam atingir as cidades, eram primeiramente dirigidas contra os senhores e seus castelos, contra as rendas que estes últimos exigiam de seus camponeses. Um burguês "progressista" como Étienne Marcel, em Paris, pôde, portanto, conceber uma aliança entre esses Jacques revoltados e a população parisiense, antes, ao menos, que a burguesia urbana considerasse que, afinal de contas, eles ameaçavam demasiadamente a ordem e a propriedade.

A crítica da cidade, portanto, origina-se apenas de um discurso do tipo "espiritual".

Todos sabem que a pobreza rural é mais terrível que a urbana. Se se critica a cidade, isso é feito em nome de um ideal religioso, que permanece minoritário e causa admiração mas perplexidade. Um grande modelo de ruptura é, assim, frequentemente lembrado na Idade Média, trata-se do modelo de São Martinho, que havia fundado um monastério. Sagrado bispo de Tours, ele permaneceu como abade de seu monastério. Sua biografia, a meu ver uma das primeiras grandes obras da Idade Média, escrita por Sulpice Sévère logo depois da morte de São Martinho, no fim do século IV, nos diz que, regularmente, quando ele estava em Tours, nas suas funções episcopais, Martinho sentia que suas virtudes se enfraqueciam, que sua força espiritual diminuía. Por isso voltava, por um certo tempo, para seu monastério para "recarregar suas baterias". Essa

O orgulho da cidade, *urbanismo e invenção da beleza*

A cidade medieval conquista o subsolo. Paris explora suas jazidas de gesso e cogumeleiras, enquanto Perúgia aloja uma capela e instalações urbanas cujos restos foram hoje encontrados com as escavações para a instalação de uma escada rolante. A escada rolante de Perúgia. Fotografia.

forma de retiro era a marca de uma elite. Tal como no século XI, no momento da reforma gregoriana, o fora o retiro de Romuald e de seus camáldulos, nos seus eremitérios. É também conhecido o caso do papa Celestino V – o único papa que renunciou porque não podia mais suportar a cidade: ele não quis ser coroado ali onde devia sê-lo, ali onde se encontravam os cardeais que o haviam eleito, em Perúgia, estando Roma então inacessível. Ele mandou, por assim dizer, construir uma cidade nova e modesta no meio de um canteiro de obras, onde foi coroado papa, em Aquila, ao Norte de Roma, e procurou os conventos isolados para esconder-se. Ele era considerado, ao mesmo tempo, um santo e um anormal. São Francisco foge de Assis, mas ele divide sua própria atividade missionária e a de seus irmãos entre o retiro passado nos eremitérios e a pregação feita na cidade ou nas estradas. A cidade permanece, contudo, sendo o lugar onde os grandes clérigos tiveram os mais vivos êxitos. No início do século XIII, um dos primeiros discípulos de Francisco de Assis, Antônio de Pádua, vai pregar em Limoges. Tinha-se anunciado que ele pregaria em uma igreja. Muito tempo antes de sua chegada, já se reunia ali uma imensa multidão, que não caberia na igreja. Lembraram-se, então, de um anfiteatro romano em ruínas, próximo dali. É ali que Santo Antônio vai falar. Por que a fé se negaria à evangelização do público postado sobre os restos de um monumento pagão? Será preciso esperar o século XIV para que, entre alguns franciscanos, se esboce

O orgulho da cidade, *urbanismo e invenção da beleza*

um movimento verdadeiramente organizado de crítica da cidade. Georges Duby e eu, frisando o anacronismo, os qualificamos de "esquerdistas". No concílio de Viena, em 1311, esses franciscanos, cuja principal figura era Ubertin de Casale (que reencontramos em *O nome da rosa*, de Umberto Eco), denunciaram o preço dos terrenos do centro da cidade e criticaram violentamente sua própria ordem, que, em muitas cidades, procurava instalar um convento em pleno centro. Mas não vou ensinar a você que os esquerdistas são perpétuos minoritários.

A partir de quando se vai ter a percepção de que a função inovadora da cidade é ameaçada por uma espécie de tendência intrínseca da cidade rumo à sua destruição? Por exemplo, a partir de quando se traçam as paisagens urbanas dizendo que é preciso salvaguardá-las na memória, que elas testemunham uma harmonia e uma beleza ameaçadas?

De vez em quando, coloca-se em cena a "demolição" de uma casa, como hoje a televisão israelita filmaria a destruição da casa de um terrorista palestino, para fixar a imagem de uma punição, decidida pelo soberano ou pela cidade. A Idade Média prefere representar canteiros de obras. Isso deve ser visto como uma prova do otimismo dinâmico urbano: a cidade é um lugar em que mais se constrói, do que se conserva ou se destrói. A destruição de Sodoma e Gomorra, estou convencido disso, faz, antes, pensar nos incêndios, tão frequentes na Idade Média, mais do que nessa ou naquela representação ideológica. Ora, uma vez extinto o incêndio, o que fazer, como em Rouen, inúmeras vezes devastada? Reconstruía-se. Os citadinos medievais não eram tão apegados à aparência de suas cidades, pois elas mudavam todo o tempo. As cidades eram lugares de renovação. Digo isso com respeito à população. O que espantou bastante os demógrafos, desde que se puseram a estudar seriamente o fenômeno, foi constatar que a população urbana renovava-se quase que inteiramente em duas gerações. Para a aparência das cidades, para as casas, era praticamente a mesma coisa. O que podia causar traumas era apenas a destruição de um monumento, eu diria quase que totêmico: se a catedral era destruída, o sino derrubado... As outras destruições, que, mais tarde, o século XVIII de Hubert Robert ou o século XIX, esse século patrimonial, iriam observar com nostalgia, quase não provocavam emoção. É preciso esperar nossa época, que se inquieta com o futuro da cidade, para que elas soem como sinais de alarme.

Conclusão,

*o fim
da cidade
ou a cidade
sem fim*

Conclusão, *o fim da cidade ou a cidade sem fim*

A fim de fixar uma representação da cidade que possamos dominar mentalmente, mobilizamos os recursos da história. A cidade contemporânea escapa às definições tradicionais, mas queremos atá-la ao pedestal de um patrimônio. Na realidade, o exercício que experimentamos é um tanto vão, o passado se esquiva àquilo que lhe pede o presente.

Baudelaire disse: "A forma de uma cidade muda mais depressa, lamentavelmente, que o coração de um mortal". Ainda assim, a continuidade se firma em certas formas. A Idade Média deu à cidade, ou à maioria delas, um espaço rodeado por uma muralha, cujo vestígio subsiste mesmo quando as muralhas desapareceram. De outro modo, persiste uma conexão entre uma cidade propriamente dita, o que na Idade Média se chamava de cidade (*cité*), e os burgos, que se tornaram, em seguida, isso que nós chamamos de arrabaldes: daí a articulação centro-cidade-bairros-subúrbio. A função política, na cidade atual, assume importância maior do que na Idade Média. Naquela época, a cidade como centro de poder não exerceu o domínio que se poderia ter esperado. Muito frequentemente, o poder se situava num lugar mais ou menos dissociado da cidade, o palácio, o castelo, um pouco à parte. Paris só se impôs com a Revolução Francesa. E isso é válido para muitos outros países, onde o estatuto das capitais só se cristalizou tardiamente. O papel de centro monetário e financeiro que, é claro, se afirmará com o capitalismo, aparece já na Idade Média e continua. A cidade é sempre o lugar de reunião e de difusão dos especialistas do direito.

Em total ruptura com a organização urbana da Idade Média, da qual muitas cidades europeias são ainda herdeiras, Los Angeles inaugura um novo modelo, justapondo uma multiplicidade de centros fragmentários.
Vista aérea de Los Angeles, Califórnia, na costa do Pacífico. Fotografia, 1961.

Conclusão, *o fim da cidade ou a cidade sem fim*

É também aí que se encontram os poderosos e os presunçosos da inteligência e da cultura: sabe-se que a riqueza não é o único critério do poder urbano. Contudo, uma grande parte dessas funções, dessa imagem, não é colocada em causa hoje, como o foi anteriormente a função de produção artesanal e depois industrial da cidade?
Considere o papel festivo da cidade, que devia permanecer parte integrante de sua função cultural. Acabo de receber a lista dos festivais de música da primavera-verão de 1997, quase todos ocorrem em fazendolas, em antigos conventos mais ou menos isolados; eles se desligaram da cidade. A festa sai da cidade, sobretudo da grande cidade. Eu diria quase a mesma coisa para a educação. Em boa parte, ela ainda continua a ser ministrada nas cidades, mas numerosas instituições situam-se fora delas.
A esse respeito, os Estados Unidos nos deram o exemplo de todas essas falsas cidades que não são senão *campus*, com poucas coisas ao redor, Princeton não é verdadeiramente uma cidade. Onde são construídos estádios e aeroportos, senão fora das cidades? Com frequência, exatamente naqueles lugares onde os estudantes da Idade Média combinariam um piquenique...

O estímulo é muitas vezes dado pelas atividades econômicas. Os portos saem das cidades. As sedes sociais também.

E, consequentemente, os centros nevrálgicos se multiplicam. A cidade atual caminha em direção ao

Conclusão, *o fim da cidade ou a cidade sem fim*

Páginas seguintes.
Em torno do palácio senhorial, desenvolvem-se os bairros de Florença, cada qual com sua igreja, manifestando a concorrência entre leigos e eclesiásticos.
Vista geral de Florença (detalhe: parte central). Escola italiana, século XVI. Florença, Museu de Firenze Com'era.

policentrismo. Naturalmente, as tradições não são as mesmas em todas as partes do mundo e, neste momento, falo sobretudo da cidade europeia. Mas sabemos bem que a cidade europeia, se é muito diferente da cidade muçulmana, da cidade do extremo-oriente, é, em contrapartida, muito influenciada pela cidade americana. Os Estados Unidos, e secundariamente o Canadá, são o país onde a civilização urbana tomou mais força e manifestou mais mudanças em nossa época. E penso que a influência da cidade americana, que inicialmente, no entanto, exaltou a figura e a ideologia urbanas, contribuiu para matar a cidade medieval ou aquilo que dela restava. Cita-se sempre um exemplo que é célebre, Los Angeles. Eis uma cidade enorme, que perdeu o centro ou que jamais o teve. Penso ainda na cidade do México, que é uma das maiores megalópoles atuais. Encontra-se sempre, nas cidades mexicanas, como nas cidades espanholas da colonização, a praça central – o *zócalo* –, que geralmente é também a praça da catedral. Mas, de alguma forma, este *zócalo* é apenas um centro histórico, um centro-museu. Na Idade Média, ao contrário, o policentrismo é raro. Ele não é ausente, mas se deve sobretudo a uma certa concorrência entre o bispo e as ordens religiosas que possuem conventos estabelecidos aqui e ali, diante dos quais se estendem praças e em torno dos quais se constroem aglomerações. Mas que diferença de escala em relação àquilo que conhecemos presentemente!

Conclusão, *o fim da cidade ou a cidade sem fim*

Hoje, os preços mais altos não são necessariamente atribuídos apenas ao centro primitivo, mas são praticados também em torno de todos os centros secundários, os aeroportos, por exemplo.

Há alguns anos, visitei Nova York com um colega que, para ganhar a vida, tinha sido motorista de táxi quando era estudante. Ele me descreveu maravilhosamente a cidade, que conhecia muito bem. Mostrou-me, no Brooklyn, um centro de *"gentryfication"*, de recuperação do bairro – conhecemos isso em Paris –, o que significa dizer aceleração dos preços: desse modo, ao norte do Harlem desenvolve-se um centro burguês negro que é um centro secundário, um centro específico para os afro-americanos. Vi a mesma coisa em Chicago, dessa vez na parte oriental, ao longo do lago, onde um subúrbio reuniu todas as características do centro, e é dominado pela burguesia afro-americana. Pude ver isso porque cheguei a Chicago dois dias antes da data em que me esperavam, e, desculpando-se muito, meu colega me disse que o único bom hotel onde ele havia encontrado um quarto, não muito longe da universidade, era um Hilton para afro-americanos ricos e ambiciosos que se situava justamente nesse bairro. Policentrismo ambíguo: pluralismo dos centros ou nova marginalização urbana.

Tornando-se um continuum, o espaço urbano já não se distingue tanto do espaço rural.

Diminuída a diferença na realidade, ela se vê ampliada na imaginação. É assim que os ecologistas,

Conclusão, *o fim da cidade ou a cidade sem fim*

procurando em vão o campo que se escorre entre nossos dedos, aproximam-se do ideal da floresta que, na Idade Média, era, ao contrário, lugar de repulsa. A floresta lhes parece de repente mais natural. Ela se torna, com uma imagem perfeitamente invertida, encarnação sedutora da natureza.

A cidade policêntrica só funciona se cingida por uma boa malha de vias de comunicação, ao passo que na Idade Média os transportes quase não constituíam problema.

Primeiro, as distâncias são menores. Depois, os medievais são grandes andarilhos ou grandes cavaleiros, sem contar aqueles que montam mulas. Em contrapartida, não se buscava a retitude do labirinto de ruas e ruelas, ao contrário do gosto romano antigo ou do gosto moderno principesco, neoclássico ou haussmanniano.

Como, hoje, ligar os espaços urbanos entre si e ligar os espaços urbanos com os rurais? É preciso fazer que o metrô e o ônibus saiam da cidade e que essa rede de transporte se entrelace com a rede urbana. É essencialmente uma rede de subúrbio, mas onde ela começa e onde termina? Penso na conurbação do Ruhr, no espaço indefinido situado entre Kyoto e Tóquio. São espaços de formas urbanas, não se pode mais dizer cidades, mescladas também de campo. Fui de trem para Hiroshima: é preciso chegar aos arredores de Hiroshima para encontrar um pouco mais de espaços verdes, e ir para o oeste do Japão, para a montanha, para estar realmente nas zonas rurais. Os campos são submer-

Conclusão, *o fim da cidade ou a cidade sem fim*

sos e as cidades, como que inundadas: não se sabe mais muito bem quais deles invadem os outros.

Contudo, já que o senhor defende a ideia de que as cidades americanas são capazes de inovar, é nas cidades americanas que às vezes se encontra um novo adensamento, um reinvestimento, a definição de um novo papel para o centro. Por exemplo, em Nova York, o centro funciona um pouco melhor do que há alguns anos. Em Baltimore, cidade mais modesta, há um centro. Mas, simplesmente, são populações muito características que o ocupam, jovens casais, populações menos diversificadas do que aquelas dos centros medievais.

Há muito tempo os centros são objeto de ferozes batalhas; eles não querem desaparecer sem combate, eles resistem. Parece-me, entretanto, que a evolução age profundamente contra o centro urbano. Ele não é mais adaptado à vida econômica, à vida das relações que dominam as populações urbanas. Então, o que ele se torna? *Centro storico,* dizem muito bem os italianos. E se ele ainda brilha, é a beleza da morte. Caminha-se em direção ao centro-museu. O caso típico é Veneza, cidade muito curiosa. Na tipologia e história das cidades, ora se considera a exceção absoluta, ora, pelo contrário, se trata – como caso limite – da cidade por excelência. Creio que se trata, ao mesmo tempo, das duas coisas e de nenhuma delas. É claro que Veneza não era feita absolutamente para ser uma cidade moderna e que não havia outra solução a não ser fazer de Veneza propriamente dita, do antigo arquipélago, uma cidade-museu. Aliás, ela pode ser um museu vivo. Pode existir um turismo inteligente,

Espaços infinitos de formas urbanas diversas substituíram hoje a cidade tradicional, cujos limites com o campo desapareceram.
Tóquio. Fotografia, 1983.

150 POR AMOR ÀS CIDADES

Conclusão, *o fim da cidade ou a cidade sem fim*

Conclusão, *o fim da cidade ou a cidade sem fim*

ativo, em que o turista revivifica, recria a cidade que o acolhe. Evidentemente, em Veneza, as atividades econômicas, em particular aquelas poluentes, devem ser deslocadas para a terra firme. Essa terra não está a tão grande distância e, agora, as técnicas do espaço permitem transformar num mesmo organismo urbano aquilo que permanece do coração artístico e de seu entorno econômico estabelecido em terra firme.

Na urbanidade, o senhor dizia, existe também o orgulho. O que resta do orgulho de morar no centro? É-se um homem mais livre por situar-se no centro?

O que vou dizer são banalidades. Em matéria de circulação, para um parisiense, é tão difícil sair da capital, quanto o é para um morador do subúrbio ingressar na capital. Outra evidência: a distância é mantida pelo jogo dos preços. Entre os universitários, por exemplo, se é que resistem e continuam suburbanos inveterados, observo que, à medida que se sobe na hierarquia, a passagem do subúrbio para o interior é muito forte. O que se torna mais chique em Paris, e não apenas para os intelectuais e artistas, mas para os estrangeiros também, são os distritos do centro. É o Marais, o V, VI e VII distritos. Se o VIII, o XVI e o XVII continuam, naturalmente, áreas chiques e caras, parece-me que sua imagem sofre da ausência desse prestígio cultural que encontraram esses bairros do centro que constituíram a cidade medieval. De modo geral, nas ciências humanas e nas ciências sociais – e é parti-

Conclusão, *o fim da cidade ou a cidade sem fim*

cularmente verdadeiro quando se trata de uma cidade – o estudo das relações entre centro e periferia e de sua evolução histórica é extremamente esclarecedor.

Se o centro perde em energia, ganha em prestígio; é que ele permite ver num relance a cidade: sua beleza o resume. Tal como a heráldica resume o destino de uma família.

Contudo, Nîmes não é apenas o bairro onde o prefeito estampou, em todo canto, a imagem do crocodilo; Toulouse, as ruas em que a municipalidade colocou a cruz occitana. Você tem razão portanto: o centro sobrevive e provavelmente sobreviverá por muito tempo pelo recurso ao imaginário. O imaginário urbano que, acredito, se formou na Idade Média é, provavelmente, aquele que melhor sobrevive hoje ainda a um modelo urbano que perdurou do século XI ao XX.

Nas sociedades ocidentais do fim do século, o desejo de cidade é contrariado pelo desejo de natureza. A cidade perdeu definitivamente seus atrativos?

Não o creio. Mas os urbanos do século XXI, decidirão eles viver, como desejam, numa cidade não poluída e, portanto, abandonar seu automóvel nas portas da cidade ou nos estacionamentos?

Na Idade Média, a cidade possuía uma beleza viva, mas estou convencido de que ela está prestes a conceber novos encantos que irão renovar sua sedução.

BIBLIOGRAFIA

• ASCHER, F. *Métapolis ou l'avenir des villes.* Paris: Odile Jacob, 1995.

• BAIROCH, P. *De Jéricho à Mexico.* Villes et économies dans l'histoire. Paris: Gallimard, 1985.

• BAREL, Y. *La ville médiévale, système social, système urbain.* Grenoble: Presses universitaires de Grenoble, 1975.

• BENEVOLO, L. *La ville dans l'histoire européenne.* Paris: Seuil, 1993.

• CHOAY, F. *L'urbanisme.* Utopies et réalités. Paris: Seuil, 1965.

• COHEN, J.-L., LORTIE, A. *Des fortifs au périf.* Paris, les seuils de la ville. Paris: Picard, 1992.

• CRISES de l'urbain, futur de la ville. Colloque de Royaumont, 1984. Paris: Économica, 1985.

• DUBY, G. (Org.) *Histoire de la France urbaine.* Paris: Seuil, 1980-1985. 5v. (v.2: LE GOFF, J. *La ville médiévale,* 1980.)

• ENTREPRENDRE la ville. Nouvelles temporalités. Nouveaux services. Colloque de Cerisy, 1996. Éditions de l'Aube, 1997.

- FOURCAUT, A. *La ville divisée*. Les ségrégations urbaines en question. France, XVIIIe-XXe siècles. Grâne: Créaphis, 1996.

- GEREMEK, B. *Le salariat dans l'artisanat parisien aux XIIIe-XVe siècles*. Étude sur le marché de la main-d'œuvre au Moyen Âge. Paris-La Haye: Mouton, 1968.

- _____. *Les marginaux parisiens aux XIVe et XVe siècles*. Paris: Flammarion, 1976.

- GONTHIER, N. *Cris de haine et rites d'unité*. La violence dans les villes, XIIIe-XVIe siècles. Paris: Brépols, 1992.

- HEERS, J. *La ville au Moyen Âge en Occident*: paysages, pouvoirs et conflits. Paris: Fayard, 1990. (reed., Paris: Hachette, 1992, Pluriel).

- HOHENBERG, P., LEES, L. H. *La formation de l'Europe urbaine: 1000-1950*. Paris: PUF, 1992.

- LEPETIT, B. *Les villes dans la France moderne (1740-1840)*. Paris: Albin Michel, 1988.

- MÉTAMORPHOSES de la ville, Colloque de Cerisy, 1985. Paris: Économica, 1987.

- MUMFORD, L. *La cité à travers l'histoire*. Paris: Seuil, 1964.

- PAQUOT, T. *Vive la ville*! Paris: Arléa-Corlet, 1994. (Panoramiques).

- _____. *Le monde des villes*: panorama urbain de la planète. Bruxelles: Complexe, 1996.

- PERROT, J.-C., BARDET, J.-P., BOUVIER, J., RONCAYOLO, M., ROCHE, D. Pour une nouvelle histoire des villes. In: *Annales Économies Sociétés Civilisations*, n.6, 1977.

- PINOL, J.-L. (Org.) *Atlas historique des villes de France*. Paris: Hachette, 1996.

- REY, H. *La peur des banlieues*. Paris: Presses de Sciences Po., 1996.

- RIGAUDIÈRE, A. *Gouverner la ville au Moyen Âge*. Paris: Anthropos, 1993.

- RONCAYOLO, M. *La ville et ses territoires*. Paris: Gallimard, 1990. (Folio).

- RONCAYOLO, M., PAQUOT, T. *Villes et civilisation urbaine:* XVIIe-XXe siècles. Paris: Larousse, 1992.

- STELLA, A. *La révolte des Ciompi*: les hommes, les lieux, le travail. Paris: Éditions de l'École des Hautes Études en Sciences Sociales, 1993.

• VELTZ, P. *Mondialisation, villes et territoires.* L'économie d'archipel. Paris: PUF, 1996.

• VILLES, histoire et culture. *Les Cahiers du Centre de Recherches Historiques sur la Ville,* Universités des Sciences Humaines de Strasbourg, n.2/3, juin 1997.

• WEBER, M. *La ville.* Paris: Aubier, 1982.

Créditos Fotográficos

Capa: no alto, Ambrogio Lorenzetti, La cité, 1346. Sienna, Pinacoteca Nacional, AKG, Paris; embaixo: vista de Nova York. Fotografia, 1967, Keystone, Paris.
Página 8: *Bibliothèque apostolique vaticane, Rome.*
Página 11: *AKG, Paris.*
Página 13: *Giraudon, Paris.*
Página 14: *AKG, Paris.*
Página 15: *De Sazo-Rapho, Paris.*
Página 19: *Scala, Florence.*
Página 24: *Artephot/ADPC, Paris.*
Página 27: *Artephot/BNF, Paris.*
Página 28: *Édimédia, Paris.*
Página 30: *Bibliothèque nationale de France, Paris.*
Página 31: *Keystone, Paris.*
Página 34: *Dagli Orti, Paris.*
Página 35: *Hervé Gloaguen/Rapho, Paris.*
Página 37: *Yohann Deslandes, Musées Départementaux de la Seine-Maritime.*
Página 38: *Giraudon, Paris.*
Página 39: *L'Illustration/Sygma, Paris.*
Página 42-43: *Artephot/Oronoz, Paris.*
Página 45: *Lauros-Giraudon, Paris.*
Página 48: *Giraudon, Paris.*
Página 52-53: *Roger Viollet, Paris.*
Página 56: *Dagli Orti, Paris.*
Página 61: *Scala, Firenze.*
Página 70: *Dagli Orti, Paris.*
Página 74: *Artephot/Oronoz, Paris.*
Página 75: *Léonard Freed/Magnum, Paris.*
Página 77: *British Library, London.*
Página 80: *Édimédia/Archives Snark, Paris.*
Página 84-85: *AKG, Paris.*
Página 87: *Artephot/Oronoz, Paris.*
Página 94: *Dagli Orti, Paris.*
Página 99: *Artephot/Vision, Paris.*
Página 103: *AKG, Paris.*
Página 106-107: *Alinari-Giraudon, Paris.*
Página 112: *Artephot/ Bibliothèque royale Albert Ier, Paris.*
Página 118: *AKG, Paris.*
Página 121: *Scala, Firenze.*
Página 122: *AKG, Paris.*
Página 123: *Édimédia, Paris/Archives AKG, Berlin.*
Página 126: *AKG, Paris.*
Página 127: *L'Illustration/Sygma, Paris.*
Página 130-131: *AKG, Paris.*
Página 135: *Scala, Firenze.*
Página 137: *Office du tourisme, Perugia.*
Página 142: *Keystone, Paris.*
Página 146-147: *Alinari-Giraudon, Paris.*
Página 151: *Richard Kalvar/Magnum, Paris.*

SOBRE O LIVRO

Coleção: Prismas
Formato: 16 x 21 cm
Mancha: 31,2 x 38,11 paicas
Tipologia: Gatineau 12/15
Papel: Couché fosco 150 g/m² (miolo)
Cartão TP Premium 350 g/m² (capa)
1ª Edição: 1998

EQUIPE DE REALIZAÇÃO

Edição de Texto
Nelson Luís Barbosa (Preparação de Original)
Bernadete dos Santos Abreu (Revisão)

Editoração Eletrônica
Edmílson Gonçalves (Diagramação)

Da edição francesa
Iconografia: Catherine Aygaline e Hélene Orizet

Impressão e Acabamento:

www.graficaexpressaoearte.com.br